新加坡學
Singapore

洪鎌德／著
孟　樊／策劃

再版序

　　本書出版不到半年，便因存書售罄，而有再版之籌劃。

　　想不到一本介於學術專業與通俗時評的小冊子，居然贏得讀者的喜愛，在短期間有再版的機會，這是令作者深感欣慰的所在。

　　據揚智葉總經理告知，本書在海外，特別是港、澳和南洋，甚至中國大陸，銷售情況特佳。在新加坡一度受到盲目讚頌其政府，而對反對黨從無善意報導的《聯合早報》之批評，但這種非學術性的書評，對本書反而有促銷作用，據稱這本小冊子在星州的銷售統計，已在專業書排行榜的前頭。

　　香港刊行的《明報月刊》，曾予本書以好評。站在作者的立場自然雀躍不已。不過平心

而論，本書缺點仍多，作者應該虛心接受讀者
的指正與批評。

　　在本書的再版中，作者增加李光耀在1995
年夏台海新危機中可能扮演調人的角色一節，
盼望他的介入，可以紓解中國對台灣的施壓。

　　本書的再版承揚智總經理葉忠賢先生的大
力賜助，在此作者敬致至深謝忱！

洪鎌德　誌於

台大三研所研究室

1996年8月27日

出版緣起

　　社會如同個人，個人的知識涵養如何，正可以表現出他有多少的「文化水平」（大陸的用語）；同理，一個社會到底擁有多少「文化水平」，亦可以從它的組成分子的知識能力上窺知。眾所皆知，經濟蓬勃發展，物質生活改善，並不必然意味這樣的社會在「文化水平」上也跟著成比例的水漲船高，以台灣社會目前在這方面的表現上來看，就是這種說法的最佳實例，正因為如此，才令有識之士憂心。

　　這便是我們——特別是站在一個出版者的立場——所要擔憂的問題：「經濟的富裕是否也使台灣人民的知識能力隨之提昇了？」答案恐怕是不太樂觀的。正因為如此，像《文化手邊冊》這樣的叢書才值得出版，也應該受到重

視。蓋一個社會的「文化水平」既然可以從其成員的知識能力（廣而言之，還包括文藝涵養）上測知，而決定社會成員的知識能力及文藝涵養兩項至為重要的因素，厥為成員亦即民衆的閱讀習慣以及出版（書報雜誌）的質與量，這兩項因素雖互為影響，但顯然後者實居主動的角色，換言之，一個社會的出版事業發達與否，以及它在出版質量上的成績如何，間接影響到它的「文化水平」的表現。

　　那麼我們要繼續追問的是：我們的出版業究竟繳出了什麼樣的成績單？以圖書出版來講，我們到底出版了那些書？這個問題的答案恐怕如前一樣也不怎麼樂觀。近年來的圖書出版業，受到市場的影響，逐利風氣甚盛，出版量雖然年年爬昇，但出版的品質卻令人操心；有鑑於此，一些出版同業為了改善出版圖書的品質，進而提昇國人的知識能力，近幾年內前後也陸陸續續推出不少性屬「硬調」的理論叢書。

　　這些理論叢書的出現，配合國內日益改革與開放的步調，的確令人一新耳目，亦有助於讀書風氣的改善。然而，細察這些「硬調」書

籍的出版與流傳，其中存在著不少問題，首先，
這些書絕大多數都屬「舶來品」，不是從歐美、
日本「進口」，便是自大陸飄洋過海，換言之，
這些書多半是西書的譯著，要不然就是大陸學
者的瀝血結晶。其次，這些書亦多屬「大部頭」
著作，雖是經典名著，長篇累牘，則難以卒睹。
由於不是個人的著作的關係，便會產生下列三
種狀況；其一，譯筆式的行文，讀來頗有不暢
之感，增加瞭解上的難度；其二，書中闡述的
內容，來自於不同的歷史與文化背景，如果國
人對西方（日本、大陸）的背景知識不夠的話，
也會使閱讀的困難度增加不少；其三，書的選
題不盡然切合本地讀者的需要，自然也難以引
起適度的關注。至於長篇累牘的「大部頭」著
作，則嚇走了不少原本有心一讀的讀者，更不
適合作為提昇國人知識能力的敲門磚。

　　基於此故，始有《文化手邊冊》叢書出版
之議，希望藉此叢書的出版，能提昇國人的知
識能力，並改善淺薄的讀書風氣，而其初衷即
針對上述諸項缺失而發，一來這些書文字精簡
扼要，每本約在五萬字左右，不對一般讀者形
成龐大的閱讀壓力，期能以言簡意賅的寫作方

式，提綱挈領地將一門知識、一種概念或某一現象（運動）介紹給國人，打開知識進階的大門；二來叢書的選題乃依據國人的需要而設計的，切合本地讀者的胃口，也兼顧到中西不同背景的差異；三來這些書原則上均由本地學者專家親自執筆，可避免譯筆的詰屈聱牙，文字通曉流暢，可讀性高，更因為它以手冊型的小開本方式推出，便於攜帶，可當案頭書讀，可當床頭書看，亦可隨手攜帶瀏覽。從另一方面看，《文化手邊冊》可以視為某類型的專業辭典或百科全書式的分冊導讀。

我們不諱言這套集結國人心血結晶的叢書本身所具備的使命感，企盼不管是有心還是無心的讀者，都能來「一親她的芳澤」，進而藉此提昇台灣社會的「文化水平」，在經濟長足發展之餘，在生活條件改善之餘，在國民所得逐日上昇之餘，能因國人「文化水平」的提昇，而洗雪洋人對我們「富裕的貧窮」及「貪婪之島」之譏。無論如何，《文化手邊冊》是屬於你和我的。

孟　樊

一九九三年二月於台北

序 言

自從一九七三年作者由西德慕尼黑大學轉往新加坡南洋大學擔任教職之後，其間除了短期赴美、英、德進修，赴台灣、大陸講學之外，至少有十六、七年生活於南洋這個蕞爾島國。因此，除了台灣之外，新加坡成為我的第二故鄉。

近年間海峽兩岸紛紛掀起學習新加坡的熱潮。作者由於因緣際會，對獅城的歷史、政治、經濟、社會、文化諸多發展，不無熟悉瞭解，遂成為台灣與中國學界、新聞界時常訪問的對象。加上多年來應《民眾日報》、《自立晚報》、《自由時報》、《中國時報》等之邀請，分別撰述有關新加坡政情的文章至少五十篇，連香港的《信報》、《明報》、《北京大學學報》等也刊

載本人有關獅城的著作，是以決心就新加坡近
年有關種族政策、人事政策加以剖析，另外對
這個島國領導層的世代交替、權力更替、政治
發展加以剖析敍述，俾讓讀者理解新加坡政治
清明、公權力伸張、行政效率特高的原因。

　　更重要的是討論李光耀何以對西方民主政
治大加批評，而本身推行一種類似於精英政治
的「績效體制」（meritocracy）。所謂的績效體
制，是指政府用人不考慮其出身背景、種族膚
色，而完全以人才作為引用、升遷的標準。通
過嚴格的教育、訓練與甄選手續，政府刻意栽
培治國幹才，然後加以重用，並在精英報效國
家與社會退休後，讓其擔任國營事業重職，以
示優待報酬之意。是以主政與輔助人才乃能戮
力奉公、廉潔自持，而成為有守有為的政治人
物，此所以新加坡政局清明、社會穩定、國力
昌盛的主要原因。

　　英國殖民政府留下的法治基礎，配合李光
耀的精英政策，使新加坡的績效體制發揮重大
的作用。這無異在西式自由民主與共黨人民民
主之外，為新興國家的指導民主（guided
democracy）創一成功的新例。但也因此，使新

加坡蒙上威權主義、家長制、近乎獨裁的惡名。
尤其人民行動黨的一黨獨大和政府公權力的膨
脹，曾使異議份子和反對黨難有發展空間，這
也是新加坡式民主政制遭人詬病的原因。對
此，本書也不迴避地予以討論。

　　作為東南亞航運樞紐、扼麻六甲海峽之咽
喉，而擁有戰略與地緣政治關鍵地位的新加
坡，立國至今才不過二十八年，不僅是華人在
大陸以外發展開創的新天地，更是東亞移民成
功創立的新國家。這個國家的建國(nation-
building)過程之艱困險阻與其後朝野的團結
奮鬥，終於培養起國民的愛國意識、建立起小
國獨立自主的尊嚴，在在值得追求當家作主與
安定康樂的第三世界人民的效法。

　　本書的出版完全歸功於主編孟樊先生的鼓
勵和支持，他為本書取名為《新加坡學》，與作
者原來的構想《新加坡學！學新加坡？》完全
吻合，在此特申敬謝之忱。本書中文參考書目，
承新加坡國立大學華語教學與研究中心崔貴強
老師提供，亦特此申謝。

　　就像過去我的著作一樣，本書要呈獻給甘
苦與共三十年如一日的人生夥伴──我的愛妻

目　錄

第一章
新加坡的種族問題

　　在談到臺灣的省籍誤會、省籍隔閡、省籍衝突時，我們不禁想到多元族群的移民社會，乃為第二次世界大戰結束以來，所有新興國家的現象。且不談亞、非、拉丁、大洋洲第三世界國家都是多元種族、多元語文、多元宗教、多元文化構成的政治實體，在政治、經濟、社會、文化、地緣等方面與臺灣最為相似的莫過於我們的南鄰新加坡。新加坡也是一個以華族文化為主體的移民社會，其種族之繁多，生活習慣、語言、宗教之分歧，比起臺灣有過之而無不及。可是今日新加坡這個島國上的各個族群卻能和平共存、和睦相處。所謂「他山之石可以攻錯」，我們不妨把新加坡族群關係加以分析，期能為臺灣省籍之消除，提供借鑑參考。

第一節　新加坡的開發和建國

　　新加坡位於南洋馬來西亞半島尖端，爲馬來群島之一。傳說中提及馬來王子Sang Nila Utama曾發現這個小島的海灘上，一度出現一頭獅子的蹤跡，因而直呼Singa，亦即獅子的馬來土語，這也就是今日新加坡何以又稱「獅島」或「獅城」的原因。華人又簡稱新加坡爲星洲或星島。

　　儘管在英國人十九世紀初登陸這個島嶼之前，新加坡已有不少馬來原住民和部分自南中國遠渡重洋前往拓荒的華人，但獅城的現代開拓史，卻由英國人萊佛士(Sir Stamford Raffles)掀開新頁。他於一八一九年登陸新加坡河口，發現島上有一百二十名馬來人和三十名華人。在與星洲一水之隔的柔佛蘇丹天猛公締訂商約之後，英國殖民政府遂將新加坡連同檳榔嶼和麻六甲變成海峽殖民地。

　　在英國前後長達一百四十年的殖民統治期間（一八二一～四二和一九四五～五九），新加

坡變成了多樣種族的移民社會。由於南中國閩粵沿海各省的華人大量湧入，以致在一八三六年時華人的人口數目（一萬三千七百）已超過本地土著的馬來人（一萬二千五百人）。此外，由印度次大陸和錫蘭島也移入了印度人、巴基斯坦人、錫蘭人。由印尼群島和馬來半島移入的馬來人（廣義的馬來人，也包括印尼人在內）為數也不少。不過截至一八六〇年為止，在八萬八百人中，華人數目高達四萬九千餘人，約佔總人口的百分之六十一，是獅島人數最多的族群。

　　第二次世界大戰中，新加坡一度淪陷於日軍之手，日人易名為昭南島。在三年半的日治時代（一九四二年二月至一九四五年九月），新加坡各族深受日本佔領軍的迫害，至今猶難忘卻這段腥風血雨的悽慘歷史。戰後英國企圖恢復昔日殖民風光，但氣勢大喪，旋於一九四六年結束軍管，也於一九四八年讓新加坡脫離檳榔嶼和麻六甲，另行管理。一九五五年英政府通過新加坡憲法草案，俾為新加坡自治政府的張本。一九五九年新加坡由殖民地躍升為自治邦。人民行動黨在新加坡有史以來最大的一次

選舉中獲得大勝，由李光耀出任總理，成為主
控新加坡三十多年來的魅力領袖。

　　一九六三年八月馬來西亞聯邦成立，新加
坡與東馬、西馬合併。但在合併完成的次年間，
星洲的人民行動黨和大馬的巫人全國統一組織
（亦即馬來人執政黨）之間的矛盾加大、摩擦
日深，最後又由於爆發了種族衝突，導致三十
二人遇害和五百六十二人受傷（一九六四年九
月二日的種族暴亂事件），於是合併不久的星
馬，又告分家。

　　一九六五年八月九日吉隆坡和新加坡兩地
同時宣布：新加坡脫離聯邦成為一個獨立而擁
有主權的國家。一個毫無腹地、資源、蘊藏，
而只有種族文化互異的國民，在工業化基礎尚
未設置，而鄰國（包括印尼在內，不贊成馬來
西亞聯邦的成立，尤其反對沙巴和沙勞越併入
聯邦，因而展開了所謂印尼和馬來西亞對抗時
期〔一九六三～六五〕）的敵視加深之際，新加
坡被迫走上獨立建國之路，其艱困險阻不難想
知。

　　新加坡由一九六五年八月九日獨立至今已
三十年左右。這段不算太長的獨立建國史正反

映了新興國家的國民，如何尋找國家認同，凝聚國民意識，化解多元種族的誤會、摩擦、衝突，而締造種族和諧共存的過程。

今日新加坡不僅成為東南亞經貿、通商、通訊、金融的中心，更是新興國家發展成功的範例。這個新興獨立的國家所以能夠在將近四分之一世紀中，創造人類文明的奇蹟，固然得力於政府與領袖的英明領導，但也應歸功於新加坡各族人民的和諧相處與同心協力，共締和樂安富的新社會。誠如新加坡大學社會學系趙善光博士的分析，種族和諧是新加坡人追求的三個目標之一，另外兩個目標則為生活程度的提高和政治的穩定。換言之，為達成經濟不斷持續的成長和政治的穩定，種族的和諧成為先決和必要的條件（注1）。

第二節　　多元種族和移民社會

在提到新加坡的種族和諧當做經驗事實或是理想目標之後，我們不妨先把島上各種住民的多寡、分布情形，以及住民彼此之間的看法、

互動情形，做一番簡單的考察。

在萊佛士登陸開埠之後，由於沒有一兵一卒可維持治安，防止種族衝突，因此他採取種族隔離政策。例如他把新加坡河岸和海隄一帶，劃分給福建移入的華人當做居住區，也讓英國人居住該處，俾便利華英的通商。但這種把華人從土著馬來人與另一移入的印度人隔離的作法，造成早期居民的缺乏溝通和彼此猜忌，也就形成各族自建社區、不相聞問的情形。

由於英國殖民官員和商人向海外拓殖的最大目的在通商致富，而爭相渡洋越海南下的華人和印度人也是在逃避祖國的天災人禍，希冀出外謀生另創天地，因此各族在獅島的意外相會，造成新加坡短期間成為東西薈萃的商埠。工商業的迅速發達導致各族中各行各業的蓬勃成長，而且各種族也傾向分工專業的趨勢。譬如英國人、歐陸人和福建人控制對外商貿，英國人和印度人擅於殖民行政和公共服務，廣東人和客家人專門搞房產和建築業，海南人精於食物零售，並開設咖啡店等等。

隨著金錢、財富、社會地位的不同，不但個人與個人的差別日大，就是種族和種族之間

的差異也日漸懸殊。再加上語言、宗教、習俗、
文化和生活習慣的不同，居住地區的迥異，造
成新加坡爲多元語言、多元宗教、多元文化，
以及多元種族的移民社會。移民社會的本質便
是無根的飄萍，也是臨時的避難所。一旦移民
賺足盤纏、略有儲蓄或年老體衰，便準備返回
祖國或故鄉去安享餘年。是故在英國殖民時
代，新加坡各族的移民，想要落地生根、老死
斯土的人，爲數極爲有限。住民一旦不肯認同
英國殖民政權，又不肯認同土地，當然也不會
認同其他族群，對他族的約定俗成的定見
（stereotype; stereotypic view），有時也就
變成一種種族偏見。

　　不錯，新加坡的華族是最大的種族。但在
這一族之下又可分爲福建人、潮州人、廣東人、
海南人、客家人，及其他中國省分的人。同樣
的，馬來人也分爲馬來人、爪哇人、波亞尼人
（Boyanese）；印度人則分爲印度淡米爾人、馬
來亞力人（Malayalee）、旁遮普人和錫蘭人。列
入新加坡人種統計表「其他」欄下的族群，則
包括歐洲人、歐亞混血兒等等，也可稱爲高加
索人或歐美人，或福建人通稱的「紅毛」、「白

皮」等。

　　顯然，新加坡最大的族群，依其人口多寡
的排列共有四種：華人、馬來人（巫人）、印度
人、高加索白種（歐美）人（注2）。前面三種人
口的比率，在一八三六年估計爲46％的華人、
42％的馬來人和10％的印度人（注3）。到了一九
二一年，新加坡人口已增加到四十一萬八千
人，其中男女的對比是兩個男人才對上一個女
人，但主要三族的比例卻是75.3％：12.8％：7.
7％。當一九三一年新加坡總人口已超過五十萬
人時，英國殖民當局下令禁止移民活動。於是
在一九四〇年代，新加坡幾乎已停止了外地人
的移入。

　　在一九七〇年新加坡舉行的人口普查報告
中，華族仍佔絕大多數，在全部總人口二百零
七萬四千多人中，擁有一百五十八萬（約佔76.
2％）；馬來人的總數爲三十一萬一千餘人（佔
15％）；印度人共有十四萬五千餘人（佔7％）；
其他歐美人士總數爲三萬八千（佔1.8％）。

　　最新的人口調查爲一九九〇年，新加坡居
民總數增加到二百六十九萬人，其分配爲華族
二百零九萬（佔77.6％）、馬來族三十八萬（佔

14.1％)、印度族十九萬（佔7％）、其他（歐美人）二萬九千人（佔1.7％）（注4）。

　　除了上述三大種族和歐美人士之外，近年間前往新加坡投資、經商、開工廠、做轉口生意的日本商社代表及其眷屬，來自臺灣、中國、香港、歐洲、澳紐等地的工商人士、技術專家、文教界、娛樂界、藝術界、宗教界各類行業的人士，加上大量旅客，使新加坡成為人種博覽會，雖然還談不上種族鎔化爐。

　　任何的人在新加坡從早到晚的日常生活中，無時無刻不碰到涉及種族的事情。因此，種族問題、語文問題、文化問題，都變成生活於新加坡境內的人意識或下意識的一部分。再加上大眾傳播媒體以不同的語文來增強人們對種族或方言群體的意識，更使人無法避開這一問題不談。

　　首先，談到各族的特徵和人們對各族的定型看法。其次，再談各族來往互動的情形，最後討論新加坡政府制訂各類政策來保障少數民族的權益，並使種族和諧的目標能夠達成、能夠實現。

第三節　三個種族的特徵

1.馬來族

　　儘管馬來族是星島的原住民，憲法也規定馬來語是新加坡的國語，但馬來族在現有二百七十萬人口中才擁有三十八萬名，只佔14.1%，似乎比十年前的人口普查低了一個百分點。馬來人集中在市鎮郊外，過去俗稱甘榜的馬來村落。如今隨著政府組屋（國宅）政策的施行，也已搬入市鎮組屋區，與華人和印度人同居在一社區中。

　　由於星島孤處馬來群島中，其四鄰均爲信奉回教的廣義馬來人（包括印尼人在內），所以當新加坡獨立時，曾賦予馬來族較高的、象徵性地位。這點由國語和國歌皆以馬來語爲主，以及第一任國家元首由馬來族政治人物(Yusof bin Ishak)出任可知。可是由於馬來人不喜經商，因此經濟上不若華印兩族的長袖善舞。在政府機構的高職位中，以及專業方面，

馬來人佔缺的比例相對較低，這與過去馬來人
對升學不感興趣有關。

一般對馬來人的刻板印象是認爲他們安貧
樂道、與世無爭、容易滿足。其職業多爲警察、
保安人員、司機、信使、家僕、工人、娛樂界
演唱人員、行政小吏等等，亦即從事收入不高
的服務職務。其宗教爲回敎，一般馬來人對回
敎敎規都極虔誠遵守，其衣著也較傳統、較保
守。

2. 印度族

在新加坡號稱三大不同種族中，印度族人
數最少，在一九九〇年人口普查中，僅有十九
萬一千人，只佔7％。但隸屬於這個少數民族範
疇下的次級種族，其數目頗多，而分類更是複
雜多樣。其中來自南印度的淡米爾和馬來亞力
族佔絕大多數（爲印度族總人口的80％）。在第
二次世界大戰前，各種不同的印度族來自南印
度、巴基斯坦、錫蘭。一九五〇年代遷入獅島
的印人則爲來自馬來半島移居者。此外早期移
民多爲男性，因此男女對比懸殊（一九〇一年
時爲五比一）；現在性別比率已趨向平衡，但男

多於女（相差一萬五千餘名）的現象仍極明顯。

印度族多半位居城區，在英國殖民統治時代，多數從事力役和低收入的工作。但第二次世界大戰後，印度族積極參與政治和經濟活動，因此權力和財富膨脹迅速。在各行各業中出人頭地的印度人比比皆是。印度人一度出任總統（蒂凡那）、副總理（拉惹勒南）、外長（丹那巴南）、內長（賈古瑪）、駐聯合國首席代表等等高官，在司法界、醫療界、學術界、官僚系統、工商業、教育界等更有傑出表現，這點不是人口多一倍的馬來人可以望其項背的。不過仍有半數以上的印度人，仍從事各業中非技術性、低報酬的工作和行業。

一般對印度人的刻板印象為精明狡猾、能言善道、傲慢專橫、粗暴不文。華人與印人之間普遍流行著猜忌和不信任感。可是隨著一個世紀以上的和平共處，雙方彼此容忍和接受的程度與日俱增，這也是新加坡種族和諧邁向實現的基礎。

3. 華族

新加坡人稱早先來自中國的移民為華僑、

華人、華族，而不使用「中國人」，主要的原因
是認為後者是含有政治意味的稱謂：凡接受中
國的統治、擁有中國的國籍者，才可以稱做中
國人。華人則泛稱炎黃子孫，身上流著祖籍唐
山大陸人血液的人，這是種族、語言、文化的
稱謂，也是避免敵視北京共產政權的鄰國政府
指稱新加坡為「海外中國」、「第三中國」、「中
共的第五縱隊」等的權宜稱呼，更是新加坡企
圖凝聚各族、樹立國家認同的高明作法（注5）。

　　華族在新加坡二百七十萬總人口中多達二
百零八萬九千名，超過四分之三，佔絕大多數，
自然是具有支配地位的多數民族。在外人看
法，華族似乎是一個同質性頗高的族群，其實
它內部的分化之細密繁複，與印度族並無二
致。尤其是早先移民本居地的歧異，所造成的
方言、習俗、生活方式等的不同。這多少反映
在南洋各地華人的同鄉會館、族姓會館、商會、
工會、學會等等地緣、血緣、業緣的團體眾多
之上。

　　如今定居在新加坡的華族，絕大多數為早
期移民的後裔，多數還能使用其祖先原籍的方
言，因此在星島，福建話是英語以外，最多人

使用的語言，連一小部分印度人、馬來人（特別是計程車司機）都會說幾句簡單的福建話。

　　至於出生在海峽殖民地（新加坡、檳榔嶼、麻六甲、吉隆坡等地）的不少華裔子弟，只會講馬來語、變調的英語和荒腔走板的福建話，俗稱峇峇（Babas）。他們形成的文化乃為華族傳統與馬來風俗習慣的混合，自具一格。

　　根據吳燕和教授的分析，新加坡華族的內部文化儘管分殊歧異，但一個多世紀以來被視為南洋諸華族社區中較為重大的華族文化據點，它顯示強大的中華文化傳承，特別是表現在中藥和華人飲食所具有的特色之上。儘管新加坡工業化步調加快，但它在保持和發揚中華文化方面的努力卻是有目共睹的（注6）。

　　其實在華族中，地緣和方言的隔閡，尚不是一個最大種族內部分散和無法完全團結凝聚的主因。造成今日華族分裂為兩個明顯集團之鴻溝，乃為接受英文教育、以英語為日常會話溝通工具的華人，以及接受華文教育、只能用華語和方言交談的華人，這兩者之間的不同。

　　由於英國殖民統治留下的遺風，接受英文教育、熟諳英語的華人，自然在講究國際商貿

的新加坡扶搖直上。就連服務於公家機關，其升遷的機會也較只識華文的同僚來得大，尤其英語成爲國際溝通工具之後，要吸收西方的科技、管理方法，也較爲方便。但只諳英語者在無意識間便會由母族的文化根源上退卻下來，對本族的文化傳承逐漸疏離、歧視、冷漠。反之，歐風美雨中的物質主義、拜金文化、個人自私、享樂縱慾的敗德惡行，逐漸衝擊西化傾向的新一代新加坡青少年(不限於華族子弟)。

　　據吳燕和的觀察，存在於接受英文教育和華文教育的華人之間的鴻溝，大於華人與印度人之間的差異 (注7)。不過吳氏的考察是十年前的舊事，這十年間新加坡變化劇烈，在政府大力推動種族和諧政策下，英語已取代馬來語成爲新加坡年輕人必須學習的第一語文，從而降低只講方言和華語的華人之人數，也從而多少減輕英文教育和華文教育的不同。

　　至於外族對華族一般的刻板印象爲勤勞節儉、精打細算、本族中心觀念很濃重、有時幾近傲慢粗暴。又認爲華人重視家庭、文化傳承，在政經各方面居於主宰操控的地位 (注8)。

第四節　種族和諧的調查

衡量種族和諧的指標，學者並無定見。因致力新加坡種族關係的研究，而聞名學界的趙善光，提出四項測量種族和諧的指標。其一為不同種族之間的友誼；其二為彼此倚賴照顧的看法；其三為對新加坡境內種族關係的看法；其四為對不同種族之間通婚的看法。

持著上述這四項指標，趙氏對年滿十五歲的新加坡公民進行兩次的抽樣調查，一次在一九六九年，另一次在一九八九年，相隔二十年。其結果顯示新加坡各族對和諧共處取得愈來愈大的共識。

(1)在不同種族之間的友誼上，被詢問者的肯定百分率抬高。例如華族擁有馬來朋友的人由一九六八年的42%，增加到一九八九年的57%；華人擁有印度族朋友的人，也從60%提高到67%；馬來人擁有華族友人者由85%升到92%；印度人擁有華族朋友者也從42%提高到60%；馬來人擁有印度族友人者更是從72%激

增至93％。至於印度人擁有馬來朋友的比率，
雖然由一九六九年的91％降到一九八九年的
90％（只差一個百分點），但仍屬極高的百分
率，這說明了印度人對馬來人的倚重。

（2）在測驗各族相互依賴關係，特別是諸族
合力抵抗外來侵犯、促進經濟成長和抬高鄰里
社區的生活水準時，三族贊成的答案都超過
80％，由是顯示三個主要種族共攤風險、同享
安樂的決心。

（3）有關新加坡種族關係的看法：三族回答
者幾乎異口同聲（高達90％）認定新加坡過去
五年並無種族問題，同意種族關係是和諧的。
換言之，不認爲三種族之間有利益的衝突。回
答者的三分之二多數也深信未來五年中，新加
坡種族的和諧還可以維持不墜。

（4）異族通婚的看法：學者均同意通婚是掃
除種族隔閡的利器。在一九八九年的調查中，
47％的華人回答者表示願意和馬來族通婚，而
62％的馬來人認爲只要對方肯改信回教，也願
意與華人結婚；至於贊成與印度人通婚的華人
佔回答總數的45％，印度人願意和華人結婚的
爲58％。從上面的比例看出華巫（馬來人）和

華印有意通婚的比例，各族略有不同。至於馬
來人願意與印度人通婚的佔58％，印度人願意
與馬來人通婚的佔回答總數的57％。這兩者數
目的接近也許是由於印度信奉回敎人數比率相
對於華人較高的緣故。一般而言，多數華人仍
不願與異族通婚。反之，多數印族和馬來族則
贊成與他族聯姻。其中，馬來族堅持通婚的對
象必須是信奉回敎者，這點表示宗敎是人種統
合的負面因素。

　　對於新加坡的經濟繁榮和社會穩定都是各
族回答者交口讚美而獲得的共識。但多數受訪
者也認爲新加坡人受到太多的約束和管制，幾
乎將近半數的被調查者感到政治上的疏離、異
化。這也就是何以被詢問對象的15％打算永久
離開新加坡，到外地另尋家園的原因。這些贊
成離國他遷的人多數爲年輕、單身、受過良好
的敎育、英文流利、收入較高、對新加坡政治
抱有疏離感的人。

　　從上面經驗性的研究報告中，我們不難同
意趙氏所作出這樣的一個結論：「種族的善
意、相互社會上的接納、對種族關係和相互倚
賴、擁有超族群的共識等現象大量存在於新加

坡當中。」換言之，新加坡不同的三大種族不但和平共存，還和諧相處（注9）。

那麼何以新加坡這樣蕞爾小國（面積只有六百三十三平方公里，爲臺灣幅員的六十分之一），不同的人種能夠和樂相處呢？是不是由於地緣上處於中華、馬來和印度三種的文化圈匯聚處？還是由於歷史上超過一個半世紀英國殖民統治的影響？抑或新加坡政府種族、教育、語文、徵兵、住屋、文化等政策釐訂正確和執行成功的緣故？

第五節　政府的角色

在英國殖民統治時期，殖民政府採取以夷制夷和種族分離的政策，使得各族之間的衝突降至最低的程度。在短暫的日治時代，皇軍利用馬來人擔任警察壓制和欺凌華族和印族，是以夷制夷政策的極致。結果日軍投降後（一九四五），華巫和印巫的種族衝突釀成暴動，使重返星馬的英國殖民政府束手無策、窮於應付。在馬來半島叢林中對抗日軍的馬共逐漸贏得華

人的敬重和支持。一九四九年中國大陸易色，
北京共產政權成立，國府遷往臺灣，在新加坡
的華人面臨認同危機，親北京、親臺北和以新
加坡爲故鄉的三種不同政治態度，把新加坡的
華族分成三派。

　　在受到中國政局轉變的影響下，新加坡中
等和高等學校的華族學生也完全政治化，而分
裂成上述三派。其中最活躍和激進的分子，甚
至接受馬共的洗腦、滲透。英國殖民政府的反
共和反華政策延伸到不承認華校文憑的教育政
策之上。其結果華校畢業生無法找到較高待遇
或公家的工作，自然心萌怨懟，其反英、反殖
民的態度和立場日形堅決。在一九五○年代中
期，英政府企圖推行徵兵制度，華族大加反對，
華族中學的暴亂遂告產生。

　　爲平撫民怨，隸屬殖民政府的新加坡議會
於一九五五年成立一個包括各黨派在內的調查
委員會，進行有關華族政治疏離原因之考察。
次年委員會公布調查結果白皮書，不但指出社
會擾攘不安和種族不和的原因，更提出凝聚各
族、認同新加坡、謀求長治久安的策略辦法。
一九五六年議會有關華文教育的各黨報告

(The Report of the All-Party Committee on Chinese Education of the Singapore Legislative Assembly in 1956)所建議的辦法包括：

(1)由於馬來族在馬來亞居於優勢主導的地位，因此承認馬來語爲國語，馬來文爲國文。

(2)承認馬來語、英語、華語和淡米爾語爲公共行政和敎育施行的官方語文。

(3)各種不同的語文學校的官方補助和畢業生文憑一律平等對待。

(4)小學採取強迫性的雙語敎育，中學則爲三語敎育。

(5)重編各級敎科書，不管其文字究爲華文、巫文、淡米爾文，其內容以強調各族認同新加坡爲主，並對各族和歐洲歷史文化酌量介紹。

(6)分區設置學校，避免各族形成的學校之競爭和對抗。反之，各校球隊、合唱團等的比賽，不是種族與種族的比賽，而是多元種族學校之間的比賽。

上面的建議主要在消弭種族的分裂，避免因爲語文、宗敎、文化生活方式等之歧異，而

影響各族彼此的諒解合作，尤其在灌輸青少年重視族群與族群之間的和諧，消除主要民族對少數民族的歧視和不平。

新加坡行動黨的政府幾乎照單全收，把各黨調查報告付諸施行。尤其是在成立自治政府，然後與馬來西亞聯邦的分離、合併和遭受排斥，被逼迫走上獨立的政局動盪時期（一九五九～一九六五），新加坡朝野經歷了幾次驚心動魄的種族暴動之後，更增加推行種族和諧的政策之決心，視多元種族和平共存與和諧共處是獨立建國的不二法門，也是新加坡生存繁榮之道。

以下我們試圖勾勒新加坡政府如何採取有效的政策，來實行促進種族和諧的建國目標：

1. 教育政策

在新加坡，教育被當做國家發展的工具，是政府施政和公眾關注的重心。新加坡教育制度的三大目標之首爲減除不同種族的歧異，增強種族共同經驗，俾認同和效忠新加坡。其次才是提供知識、技能、價值給學習者。第三是增進各種族和各社群獲取教育的機會，締造受

教育的機會平等（注10）。由是可以說第一個和第三個目標都在消除種族歧視和不平等，大力創造種族和諧的機會。教育中涉及語文、道德宗教和文化的部分我們在後面還會加以詳述，現在先討論學校統合的問題。

　　新加坡早期的學校，不管是初級、中級或學院，不管是公立或私立，都曾經是以種族和語文爲基礎的，因此有華文學校、英文學校、巫文學校、淡米爾學校之分，但自從一九六〇年開始設立兩所各語文統合的學校，至一九七二年，已有一百零七所統合學校的出現。也就是說同一學校中，不限於單一種族的師生共處校園中，而是兩族、三族、甚至四族的老師和學生共同生活與學習，從而消除種族的藩籬。由於英語從第二語文躍升爲第一語文，因此，教育部已放棄使用「統合學校」（integrated schools）的稱謂，改稱爲英語源流、華語源流等等的學校（一九六六）。

　　根據新加坡憲法第一五二條，馬來人應接受特別的優遇，因此，從自治政府成立以來，馬來人的子弟進入中學和大專接受教育完全免費（新加坡的義務教育僅及小學階段），但馬來

人接受中高等教育和職業教育的意願不高，於是自一九八一年開始馬來人設立巫族兒童教育基金會（後易名爲馬來社區發展理事會，Mendaki），俾促進馬來人的教育文化，兼改善馬來人的經濟和社會福利。自一九九〇年之後，馬來人子弟進入大學的學費，在家長收入到達某一水準時，也必須繳納，不過馬來學生大專學費由大學轉交Mendaki使用。同樣印度族也設立印族發展協會（Sinda），這都表示政府與民間合力協助少數民族促進教育和增加福利的善意，對各種族的團結和對新加坡國家認同發揮了積極的作用。

2.語文政策

正如前面指出，新加坡在建國前後的一九六〇年代是明訂馬來語爲國語，另外又把馬來語、華語、淡米爾語和英語宣稱爲地位平等四種官方語言。事實上自獨立至今，官方的文件和電臺、電視也以四種官方語文的形式來加以表達宣告。

一九六六年教育部通令小學實施雙語教學（bilingualism），由家長在四種官方語文中選

擇兩種，其一爲「第一語文」，另一爲「第二語
文」。通常家長選擇英語爲第一語文，母語爲第
二語文（華人選華語爲第二語文，印度人選淡
米爾語爲第二語文，馬來人選馬來語爲第二語
文），其結果造成年滿十歲以上的新加坡人中
過半數的華人、巫人、印度人都通曉英語，這
是一九八〇年人口普查所得到的訊息，不過成
年人通曉英語的比率低於孩童和靑少年，這是
不難理解的。各族通曉英語的比率在一九九〇
年更爲抬高。

　　不過根據當年教育部長吳慶瑞在一九七八
年的教育報告中，發現雙語教育以及以新加坡
歷史、地理、文化、政經、社會爲題材的新教
科書之採用，雖有利於消除各族紛歧、塑造新
加坡國家意識，但也產生兩項缺點：其一爲學
生課業負擔過重，留級、落第、棄學的人數激
增；其二爲雙語教育造成學生只精通英文，而
對母語逐漸生疏。再加上西方文化衝擊，靑少
年盲目地接受西方物質文明和功利思想，從而
追求個人私自利益、罔顧公共道德，而使代溝
更形嚴重。

　　另一方面華人在家中、學校、社區、工作

場所仍喜歡用方言交談；地方戲劇仍不時充斥
華人收視最頻繁的電視第八頻道之上，於是李
光耀總理乃在一九七九年十一月提倡「華人講
華語運動」，其目標爲在十年內使飯店、商場、
市場等大衆交易的地方成爲使用華語交談的場
所，而在十至十五年內，華語變成新加坡華族
主要的溝通工具。

　　根據柯受田敎授的說法，雙語政策和講華
語運動雖然協助新加坡三個主要的種族加強其
母語，但也有意想不到的副作用。那就是造成
他族（亦即印度和馬來少數民族）不斷意識到
他們是少數族群，持續在主要族群的陰影下過
日子，而心生疑慮不安（注11）。更重要的是接受
英語敎育的華人感受到不識華語、華文的壓
力，而嘖有煩言。

　　另一方面對中華文字和文化較爲嚮往的華
人，則不免「憂慮華文在新加坡的命運」。他們
指出：一九九〇年的人口普查顯示，從一九八
〇年至一九九〇年，華人在家中講華語從13%
增加到32.8%，而講方言的家庭則從52%降到
46%，但同時講英語的華族家庭卻由10.2%增
加到20.6%，這就顯示推動講華語運動的結果，

雖抬高華語使用家庭數目，但同時也讓講英語家庭的數目增加，更何況只會講華語的人，「大多沒有能力用華文來表情達意」。

在英文至上的語文政策下，家長不願意讓子女花太多時間讀華文，「怕影響英文科目、怕前途堪虞」，原因是「僅通曉華文的人，其就業前途必然會受到限制。即使精通華英雙語的人，也還是受到許多部門的排斥……而只懂英文，對母語一竅不通的人，就有良好發展的機會，如可以獲得獎學金到國外著名大學深造，學成歸國後，職位『三級跳』，列為『精英』的範圍」（注12）。

由上面的批評不難想像雙語教育政策，雖尊重母語，但卻突出英語。對生活於東西文化交匯輻輳地點的新加坡人而言，通曉英語不失為接納西方文明、從事工商經貿發展的方便之門，但因此產生的對母族文字、文化的疏離，對東方價值的忽視，導致成為無根的一代，也是令新加坡朝野引為隱憂之處，是故乃有道德教育、宗教教育、「推崇儒家思想運動」的次第出現。

3. 宗教教育、道德教育和文化政策

　　造成多元社會中種族隔閡的最大障礙為語文和風俗習慣，其次為宗教。新加坡藉著成功的雙語政策，降低種族間溝通的困難，又採取共同塑造新加坡特色的文化，來化除各族的「本族中心主義」(ethno-centrism)。至於對宗教的態度，政府一向採取寬大容忍不加干涉的作法，讓各族各人自行選擇信仰，自由進行宗教活動。近年間有些過激宗教派系或稱邪教的出現，迫使政府採取禁止的手段阻擋其滋生漫延。至於少數教會人士企圖由傳教而涉及政治活動，諸如牽涉到顛覆政府的「馬克思派陰謀」事件，終於遭到政府的逮捕、驅逐、通緝，是特定事件，不能視為政府壓制宗教活動的自由之通例。

　　相反地，政府為了優待少數民族，尊重其信仰，特別撥出鉅款，在馬來族或少數信奉回教的印度族聚居之地，如友諾士、金文泰、兀蘭等社區興建富麗堂皇的清真寺，此一作法使虔誠信奉伊斯蘭教的鄰邦回民為之側目，而大嘆不如。

依據郭振羽教授的分析，新加坡的宗教和種族關係密切，99.3%的馬來人信奉回教、57%的印度人信奉興都教（印度教），華人之中有38.2%信仰道教，另外34.3%則信奉佛教（註13），其餘或不信教，或信天主教和誓反教（基督新教）。

鑑於宗教教育有助於個人品德的培養，一九七九年以王鼎昌為首的道德教育委員會發表了道德教育報告書，主張以宗教知識取代小學公民一科，要求學生選修，並列入學年考試科目。最先限於聖經知識和伊斯蘭教知識，後來在吳慶瑞擔任教育部長期間，於一九八二年宣布中學宗教知識科擴大為六科（聖經、佛教、興都教、回教、世界宗教、儒家倫理和錫克教），任由學生選修一科。過兩年後中三與中四（相當於臺灣初三與高一的程度）的學生也必須在上述六科宗教知識當中選擇一科修習與參加考試。

學校教授宗教知識不同於教會、寺廟等的宗教奉祀禮拜，更不是集體洗腦皈依改信的宗教活動。但宗教和道德教育推行七、八年的結果，其毛病逐漸暴露。也即儘管政府努力以中

立的態度致力宗教知識的傳播，但教育機關對
宗教發展的影響日益加大。於是從一九八八年
開始，新加坡政府重新衡量中小學實施宗教知
識講授的利弊，結果在陳慶炎擔任教育部長的
期間，也即一九八九年十月宣布廢除中小學宗
教知識的講授，改而恢復公民一科目，或道德
教育一科目。政府此次幡然改變的理由是認
爲；際茲全球宣傳宗教理念狂熱，而對各種宗
教的歧異之意識高漲之時，宗教知識的介紹和
灌輸，應由家長負責，而不該由學校承擔。

　　其實宗教知識在學校中的講授所以產生意
料不到的負面結果，主要的原因是學生對不同
宗教的歧異無法獲得理解、增加同情，反而強
調新加坡境內存在著宗教的歧異、種族的歧
異，這無疑地不利於種族間的互諒互信，更不
利於建國工程的推進。

　　與此同時熱烈展開，旋趨向沈寂的「提倡
儒家倫理」、「推崇儒教思想」運動，也在海外
著名華族思想家多次在新加坡登場作秀之餘，
成爲漸行漸遠漸無聲的絕唱了。

　　不錯，新加坡領導層的確擁有高瞻遠矚的
眼光和廣闊的胸襟，企圖融化東西文化，也即

擷取中華、印度和馬來文化的精萃，融合歐美崇奉理性和發揮科學求眞的精神，來創造一個具有新加坡特色的文化。

新加坡目前還沒有一種爲各民族普遍接受認同的文化，而是各族文化並存共榮。可是新加坡政府文化建設的長期目標卻是在存異求同，也即在保留各種族文化的優點（尤其是所謂東方人重視家庭和團體利益；注重個人和集體之間的關係；勤勞、節儉、安貧樂道；注意精神價值；減低物慾等等優點）之同時，逐步建立具有新加坡特色的單純文化。這種文化不但具有國際性、開放性、包容性、堅韌性的性質，還有利於新加坡各族的團結合作。

爲了吸引觀光客，新加坡不但在繁華熱鬧的購物大街烏節路，配合聖誕節和華人的新年春節，以不同的燈飾、化妝舞會、花車遊行來娛樂外賓，也藉此機會讓各族青少年同歡，培養感情。更在重要節慶（例如建國二十五週年）舉行各族的文化藝術展示活動。媒體也大肆報導三大種族飲食、衣著、生活習俗及歷史傳統，目的在增加彼此了解。從新型新加坡文藝、戲劇、歌唱、服裝和珠寶的設計，乃至新加坡制

服、花卉、交響樂團的推出，在在顯示一個融合各族的象徵性文化產品正在浮現中。

　　新加坡的大眾傳媒也配合政府推行種族和諧政策，以各種不同語文來出版、傳播訊息。電視和電臺仍以各族較能掌握的英語為主要傳播工具，其次華語節目另有專用頻道，有時也與馬來語和淡米爾語共用第八頻道。報紙發行量在一九八八年時已超過每日七十四萬三千份，其中仍以英文的《海峽時報》為主體，以華文的《聯合早報》、《聯合晚報》、《新明日報》，以及馬來文，淡米爾文兩小報為副。大眾傳媒在涉及敏感的種族關係報導方面極為謹慎，對涉及種族、語文、宗教等敏感問題小心報導，以免遭到政府的處分。

　　新加坡廣播公司近年間製作的，以本地人生活內涵為主題的廣播短劇或電視連續劇，無意間凸顯新加坡種族的不同，無法精確反映多元種族社會特徵，以致柯受田評論媒體在國家建設上的角色是消極、而非積極，是反應，而非主動(proactive) (注14)。

4.住宅政策和徵兵政策

使住者有其屋的組屋（國宅）政策及其推行，是新加坡行動黨政府自一九五九年以來，凝結各族和形成國家認同的手段之一。在一九五九年六月房荒嚴重之際，只有8.8％的新加坡人得以住在公家蓋設的國民住宅中。政府旋於一九六〇年二月成立住屋發展局，在短短二十八年當中，一共蓋了六十四萬二千棟公寓。也即在一九八八年底，全人口86％的居民已住進國宅。新加坡住屋政策成為第三世界新興國家解決民生問題最成功的典例。

國宅政策不但解決老百姓居住問題，使他們有恆產才有恆心，提升對新加坡斯土斯民的忠誠，更是各族群居化解陌生誤會、增加鄰里意識、培養睦鄰精神的最佳辦法。社會學家哈珊（Riaz Hassan)指出,公共組屋對化除各族自建社區、自立聚落的種族藩籬，有著重大的貢獻。獲得國宅配額的條件是公民身分、收入高低、家庭大小，而非種族或族群的隸屬。因此組屋所形成的社區，乃是華人、馬來人、印度人、巴基斯坦人、亞歐混血人毗鄰而居，不

再是種族分隔(desegregated)的社區（注15）。

　　一九八九年二月國家發展部部長丹那巴南宣布，自一九八九年三月以後公共組屋社區將採取種族比例原則，分配公寓給各族住民，目的在培養種族容忍與和諧。在此新住屋政策之下，新社區和每棟公寓種族的比例如下：

　　(1)華族：每一社區不得超過84％；每一棟公寓不得超過87％；

　　(2)馬來族：每一社區最高額為22％；每棟公寓不超過25％；

　　(3)印度族和其他族人：每一社區不得超過10％；每一棟公寓不得超過13％。

　　但上述新住屋政策，固然可以增進不同種族的居民的了解和友誼，但對日益老化的新加坡人口，亟需倡導三代同里或三代同堂（隔鄰或同一公寓、同一社區），來增進親戚的彼此扶持照顧，卻有負面的影響（注16）。

　　在英國殖民的後期（一九五四年三月），議會曾通過國民服役令，徵召四百名新兵入伍。但由於百姓反殖民統治的情緒高漲，加上共黨的煽動挑撥，徵兵制度剛建立便告夭折。新加坡目前所推行的徵兵制度則是一九六七年七月

建立的，其目的在滿足新加坡防衛的需要，也是凝聚國力、團結住民、建設國家的手段。

新加坡的武裝部隊之主力為國民常備軍，其輔助為服完兵役的戰備（後備）軍人。凡年滿十八歲的男性公民和永久居民有服兵役兩年半的義務。在完成服役和年屆四十歲之前，改為備役，每年仍需回營接受若干時日的軍訓，並隨時接受動員令，負起保國衛民的責任。

由於年輕的新加坡男性，在服役兩年半中，朝夕相處培養袍澤精神，對消除種族的偏見、歧視大有助益。早期政府限制馬來人入伍人數（基於新加坡鄰國廣義的馬來族考慮，不使新加坡的馬來族與鄰國的同族持戈相對；也考慮到回教教義不利於世俗的武鬥），曾引起馬來族之不滿，因之，一九七三年修改服役令，使馬來役齡壯丁與他族平等入伍受訓與平等服役（注17）。顯然徵兵政策，使各族青壯年分享共同服役經驗，凝聚保國衛民的共同目標，對各族之和諧共處影響頗大。

5.人事政策

衡量一國眾多種族是否真正獲得憲法上所

規定的法律平等，就要看各族政治參與的情形。換言之，各族在政府各級組織和官僚上下位的體系中是否合理（按照人口多寡的比例）佔據職位、享用公家資源、分攤義務職責等等。

如前所述，印度族人雖少，但佔據政府機器的要津者比比皆是。且不說印度人擔任過總統、副總理、部長等高職，就是各級法院中法官、檢察官，由印度人擔任的也超過其人口比率，連中小學校校長也讓不少印度人佔缺。近年間爲了鼓勵馬來族參與政務，政府不次荐引馬來領袖進入政府機構服務。一九九一年九月的新加坡政府內閣名單當中，印度人佔兩名，馬來人佔六名，其餘二十四名由華人擔任。

鑑於新加坡爲一個以華族佔絕大多數的國家，馬來族或印度族在單選區競選國會議員，勝算機會不大。爲了保障少數民族在國會的代議權，政府於一九八四年推出集選區的選舉分區制，把不少單選區合併爲集選區，部分單選區仍獲保留。所謂集選區是以三人爲一組的候選人，其中必須保留一名爲少數民族（巫、印）出身的候選人。一旦執政黨提名的候選人選勝，三名一起變成議員，一旦選敗三名議席便

拱手讓給反對黨（同一黨籍）的候選人。一九八八年政府把原來的十二個集選區擴大為十五個集選區，也由原本三人一組增加到四人一組，俾進一步加強集選區的作用而減少單選區的風險。一九九一年國會大選中，在二十一個選區中，反對黨只得三席，其餘全為執政的人民行動黨所得，不管執政黨還是反對黨都是清一色的華族。在十五個集選區六十名議員中，印度族得七名，馬來族得九名，華族得四十四名。

　　自從一九九一年十一月吳作棟由李光耀手中接掌新加坡總理以來，提出「新的起點」之施政目標，其目的在維持經濟持續成長，進行人才培育和教育投資、設立保健基金、翻修舊組屋外，強調國民參與國事之協商，其最終目標在建立一個更具有歸屬感的優雅國家。換言之，使三大種族多數不算富裕的民眾擺脫困境，同享各族和諧相處的安樂（注18）。

第六節　結　論

　　由上面的敍述和分析，可知新加坡今日三大族群以及其他少數民族和外客，所以能夠融洽愉快相處，除了得力於民族與民族之間的彼此理解和相互容忍之外，新加坡政府正確而具有效率的種族政策也發揮鉅大的作用。既然作為華人為主體的新加坡移民社會能夠擯棄華族沙文主義，則同是華人而包含少數原住民山地同胞的臺灣，更有理由與能力化除省籍情結，獲致族群的互諒、互信，大家共同為臺灣的命運共同體之塑造和長存而努力，則華人幸甚！原住民幸甚！臺灣幸甚！

注釋

注 1 ：Chiew Seen Kong, "Nation-Building in Singapore: An Historical Perspective", in Jon S. T. Quah, *In Search of Singapore's National Values,* Singapore: Times Academic Press, 1990, pp. 19ff.

注 2 ：其實這四種不同的人種，只是為方便統計而做的分類範疇，也是方便普通人辨認不同族群的簡單指標，並非人種學上的科學分類。政府登記種族時，任令申報人自行填寫歸屬何類，因此不無個人或族群的主觀偏見在內，尤其是涉及混血兒之時，最為明顯。

注 3 ：Chang Chen Tung, "The Changing Socio-Demographic Profile" in: Hassan, Riaz and Geoffrey Benjamin (eds). *Singapore,* Kuala Lumpur: Oxford University, Press, 1976, p.275.

注 4 ：上述人口統計數字可參考 *Yearbook of Singapore 1990,* Department of Statistics, 1991, p.29. 其比率則由統計表數據折算而得。

注 5 ：參考洪鎌德：〈從國家認同談臺灣前途──以新加坡經驗為例〉（上下），《民眾日報》，1990年9月19日與20日。

注 6 ：Wu, David Y. H, *Traditional Concept of Food and*

　　　　Medicine in Singapore, Singapore: Institute of Southeast Asian Studies (Occassional Paper No.55.), 1979.

注 7 ： Wu, David Y. H, "Ethnic Relations and Ethnicity in a City-State: Singapore," in: David Y. H. Wu(ed.), *Ethnicity and Interpersonal Interaction: A Cross Cultural Study,* Singapore: Maruzen Asia, 1982, pp.29ff.

注 8 ： 有關新加坡各族的歷史、人口結構、特徵和刻板印象、定見或偏見，俱參考吳燕和前揭文，op.cit. pp. 22-30.

注 9 ： Chiew Seen Kong. "National Identity, Ethnicity and National Issuse," in; Jon S. T. Quah (ed.), *In Search of Singapore's National Values,* Singapore: Times Academic Press, 1990, pp. 66-79.

注 10 ： S. Gopinathan, "Education", in: John S. T. Quah, Chan Heng Chee and Seah Chee Meow (eds.). *Government and Politics of Singapore,* Singapore: Oxford University Press, 1987, pp. 196-232.

注 11 ： Quah, Jon S. T., "Government Policies and Nation Building", in: Jon S. T. Quah (ed.), *In Search of Singapore's National Values,* Singapore:

Times Academic Press. 1990, pp.56-58,61.

注 12：以上參考史靖：〈新加坡華人的命運〉,《華人》月
刊，1992年第一期（總號第126期）, pp.13-14.

注 13：Kuo, Eddie C. Y., *Religion in Singapore: An Analysis Of the 1980 Census Data,* Singapore: Ministry of Community Development, 1989, pp.6-7.

注 14：Quah, Jon S. T., 前揭文，p.60.

注 15：Hassan Riaz, "Some Sociological Implications of Public Housing in Singapore", in: *South-East Asian Journal of Sociology,* Vol.2. May1969, p.24.

注 16：Quah, Jon S. T., 前揭文，p.51.

注 17：Quan, Jon前揭文., pp.52-53；有關種族與服役問題，可參考Bedlington, Stanley S., "Ethnicity and the Armed Forces in Singapore." in: Dewitt, C. Ellinwood and Cynthia H. E. Enloe (eds.), *Ethnicity and the Military in Asia,* New Brunswick: Transaction Books, 1981. pp.242ff.

注 18：參考林恆仁,《評一九九一年大選》,新加坡國際圖書有限公司，1991,. p.90.

第二章
新加坡的政治暨
國家認同問題

第一節　民主政治尚未成熟

　　民主，特別是直接民主，是古希臘的時代產品，是雅典人的生活方式，其後才由十三世紀的英國人予以法典化，而以「大憲章」奠定西洋的民主基礎。

　　隨著盎格魯・撒克遜民族尋找世界市場，而打倒了西班牙與葡萄牙、法蘭西等帝國的殖民霸權之後，民主的理念和制度蔓延至歐洲之外的北美、非洲、大洋洲、南亞次大陸等地。民主體制所需支撐的社會經濟條件，像工業化、城市化、世俗化、現代化，本來是歐洲啓

蒙運動、宗教改革、文化復興以來各國追求的
目標，如今也成為擺脫殖民桎梏、爭取獨立建
國的舊殖民地人民嚮往的鵠的。

　　這便是第二次世界大戰結束以來，新興獨
立國家，企圖在建國過程中，把民主化與現代
化同時推行落實的因由。可是這些剛脫離殖民
母國的懷抱，在建國立國的襁褓時期，便要在
民主坎坷途上彳亍行進的嬰兒小國，常常蹼躓
跌倒而頭破血流。其結果導致絕大多數新興國
家民主實驗的失敗，取而代之的卻是軍人專
政、強人獨裁、寡頭壟斷、威權與家長式專制
政權的出現，或是像印尼蘇卡諾公然倡說的「指
導民主」。

　　這些非民主、反民主的第三世界新興國
家，雖不如早期第二世界共產主義國家那樣霸
道專橫，表面上實施「人民民主」，骨子裡推行
一黨專政，但也與第一世界業已法制化、內省
化、生活化的西方民主差了一大截。在第三世
界新興國家中，推行西式民主最成功的例子莫
過於印度。可是由於種族繁多、信仰迥異、人
多地瘠、政府效率不高、人民教育程度頗低，
導致經濟落後、貧富懸殊、種族衝突、社會擾

攘。因此，民主在亞洲次大陸仍無法生根。

　　寰顧亞洲各國，捨開日本、印度、以色列等國不談，推行和實施民主成功的例子不多，比較上邁向西式民主之途前進的便要數南韓、台灣、菲律賓、泰國、馬來西亞和新加坡諸國了。

　　現任新加坡大學法學院副院長，也是官方選定的國會議員溫長明博士，最近便指出在走向民主化大道上邁進的新加坡人，尚未達到政治的成熟。這點由新加坡的政治制度和人民對政治的態度上可以看出。

　　在一個成熟的政治社會中，人民對政治制度深具信心，不會成天到晚懷疑制度的正當性、合法性。人民也毫無忌憚地批評時弊，提出建言，更會以參選問政的方式積極介入公眾事務。

　　然則新加坡民主政治未能貫徹、人民政治成熟度偏低的跡象和指標，究竟在那裡？溫博士指出：

　　㈠憲法：自從新加坡一九六五年獨立建國以來，長達三十年左右期間，幾乎沒有一年不增修憲法條文。這固然顯示新加坡政府的通權

達變，但也暴露基本法缺乏穩定性。

　　㈡國會：在八十一席的國會上，只有四席屬於反對黨所擁有。執政黨與反對黨的強弱懸殊，導致國會反對勢力無從有效督導與制衡政府。加上執政的人民行動黨，透過經濟政策推行成功，有效控制選民的「肚子」，選民在腸肥腦滿之餘無意支持反對黨。爲聽取不同的聲音，近來政府被迫設置「官方指定議員」(Nominated Members of Parliament)，因之，新加坡乃出現了「欽定的反對黨」(nominated opposition)，以取代「選出的反對黨」(elected opposition)，這也算是民主的怪胎了。

　　㈢傳媒：新加坡的大眾傳媒，特別是電視、廣播和報紙，都直接或間接受控於政府，民間的不滿異議，少有抒發的管道。近年間政府對傳媒的控制較鬆，報上言論版開始發表人民大膽的評論，可是出版界仍不悉政府對異議容忍的尺度。一個顯明例子，曾經坊間出版一本揶揄政治人物的小書，題爲「哈囉〔吳〕作棟、再見〔李〕光耀」，可以發行買賣，但卻禁售同時期出版的婦女雜誌，因爲該期批評了人

民行動黨國會女代表的緣故。

　　㈣官吏：在其他國家，常務官和一般公務人員在職時間總是比較長久，唯獨新加坡政務官任期長於常務官，其結果造成這個推動公務的機關及其官僚體系，無法保持行政的中立與專業，完全聽命於上級長官的指令而執政黨的國會議員也對行政官僚頤指氣使、予取予求，從而破壞文官中立的良法美意。

　　談到新加坡人民的政治態度，溫博士指稱：在吳作棟開明親民的作風之下，新加坡人民比較能夠甩掉過去懦弱畏縮恭謹遵命的態度，但有勇氣走出來批評時政的人仍嫌太少。至於優秀人才只一味經商致富，不願獻身政壇，也與人民行動黨拔擢人才的策略與方式有關。這是由上面選擇拔擢的「僧侶制」，與由下而上力求出頭的毛遂自薦方式相違。

　　在大陸與台灣官方盲目大喊學習新加坡的此時此際，聽聽新加坡有識之士對其本國民主化不夠圓熟的批評，也不失為他山之石可以攻錯。

第二節　執政黨面臨挑戰

　　新加坡的執政黨為人民行動黨（Peoples Action Party），它是在五〇年代新加坡還是自治政府的時代，便活躍於馬來半島，特別是半島南端的獅城的群眾政黨之一。由於當時爭取馬來亞的獨立自主，全力對付殖民母國的大英帝國政府，因此人民行動黨的主要黨員為激進的工會幹部和左翼學生。

　　在五〇年代偏袒共黨與左翼的勢力大為膨脹的時代裡，人民行動黨一度採用列寧精英政黨的組織原理，使黨內的選舉和晉升制度建立在人數有限的幹部互選基礎上，從而使標榜群眾的政黨轉型為精英政黨。於是人民行動黨與獅城群眾如魚得水、如膠似漆的關係，逐漸鬆脫。難怪研究新加坡政黨政治的政治學權威陳慶珠（Chan Heng Chee）教授，在其著作《新加坡的政府與政治》一書中指稱：「把人民行動黨描寫為用群眾政黨來加以包裝的幹部政黨，是相當誠實的說法。」

　　自從一九六五年新加坡獨立建國以來，人
民行動黨便是一黨獨大，也是壟斷政府與國會
大權的唯一強勢執政黨。在過去黨魁（不居主
席職位，而稱秘書長，相當於共產黨的黨總書
記）李光耀家長式專權之下，行動黨黨員的身
分嚴守秘密，除黨部之外，內閣閣員和國會議
員，以及各地聯絡所負責人為曝光的行動黨黨
員，其餘黨員皆潛藏於社會各行業、各階層當
中，當前黨員總數估計只有九千餘人。

　　以新加坡目前總人口只有國民二百八十萬
（加上外地居民二十萬左右）而言，則人民行
動黨黨員九千多名，不過佔全國總人數的三百
分之一而已，比起台灣國民黨黨員數目（名義
上兩百萬人，實際上只有一百萬）佔台灣人口
的十分之一至二十分之一來看，顯得微不足
道。但衡諸國會八十一名議員中，反對黨派只
佔四名，其餘七十七席均為人民行動黨所得，
則又表示行動黨人數比例雖然頗低，但其動員
的力量迅速雄厚，黨內紀律嚴明，組織嚴密、
運用靈活，絕非百年老店、灌水浮腫的國民黨
所能望其項背。

　　在五〇年代與六〇年代，人民行動黨前後

推行了「三反」政策，早期反抗殖民主義（Coloni-alism）、其後反對共產主義（Communism），最終反對種族區隔主義（Communalism）。在這三次反C的活動中，在李光耀以及第一代黨菁英登高呼喊之下，人民行動黨倒能結合新加坡廣大的中下階層，形成上下一體的群眾運動，而開創新局，重寫歷史。

　　可是這種以群眾的熱情、期盼、理想為基礎的草根性政黨運動，卻隨著人民行動黨長期的獨攬政權，黨的專權自恣、傲慢自大，而逐漸與百姓的願望漸行漸遠。這由歷屆大選執政黨所舉辦政見發表會上，參聽群眾人數的遽減、與會者態度的冷漠看出端倪。與此截然有別的則是反對黨競選聲勢的熱烈，與群眾情緒的高漲。由於新加坡採取小選區制，而人民的就職、居屋、教育、福利等又掌握在政府手中，加上過去強人的統治，使新加坡人民不敢輕易把手中掌握的選票隨便投給反對黨。但這種盲目支持人民行動黨的作法，在近年間已面臨挑戰質疑。

　　質疑和挑戰執政黨黨綱及其實踐，來自於年輕一代的選民，特別是擁有專業執照像律

師、會計師、醫師、藥劑師、建築師等等工商
社會的專業人才。他們因為擁有高級文憑又擅
長英語，因此敢於批評新加坡政治體制中不合
理的現象，而不必擔心政府的或執政黨的報復
與壓制。必要時舉家外遷，到英、美、加、澳、
紐等地去移民、去當海外寓公。

　　近年間顯示人民行動黨漸趨僵化老大的最
佳指標，莫過於該黨的「青年團」（Youth
Wing）的式微。就像共產黨的青年團（「共青
團」）或國民黨的救國團一樣，人民行動黨這個
青少年的組織，在五年前尚擁有二千名團員，
如今剩下一千人左右，就像蔣介石當國民黨總
裁命令其子蔣經國掌控救國團一樣，在李光耀
擔任人民行動黨秘書長期間，一度也命令其子
李顯龍作為青年團的團長。隨著李顯龍的高升
部長與副總理，青年團團長職位不知花落誰
家，該團人馬遂縮小一半，看樣子再過幾年會
名存實亡。

　　人民行動黨青年團的敗落，除了領袖易
人、組織渙散之外，主要的是團員只能替上級
選定的人才搖旗吶喊、權充抬轎者。想要由青
年團團員的身分躋身到人民行動黨高階領導人

的職位，比駱駝穿針還難。近年間新加坡執政黨拔擢人才的管道已捨開草根基層的爬升，而改請專業人士、大專青年教師乘搭直升機選任，這也促成青年團的沒落。

總之，面對公開、競爭、多元時代的降臨，任何權威式、家長式的政黨、黨團也要受到嚴峻的考驗與衝擊。

第三節　反對黨的分裂危機

世事變化無常，不但難以逆料，更難捕捉。話說一九九三年三月被新加坡國立大學以濫用研究款項，遭到立即開除的該校社會工作系講師徐順全博士，原來也兼任新加坡最大反對黨新加坡民主黨 (Singapore Democratic Party，簡稱SDP) 的助理秘書長職。他遭大學解聘一度被反對黨與社會大眾視爲政治干涉學術，是一黨獨大的人民行動黨政府藉題嚇阻高級知識份子加入反對黨陣營的殺雞儆猴之謀略。因之，許多人不但預測徐氏的教學生涯已告結束，甚至他的政治生命也蒙受殺傷。

誰知六月十八日，新加坡民主黨中央執行委員會（中執委）突然召開記者招待會，當眾宣布創黨十三年的該黨秘書長（相黨於黨魁）詹時中，為了「使黨的領導年輕化」，在拒絕中執委挽留之下，決定辭掉秘書長職，依黨章規定由徐順全接任代理秘書長，該黨暫由十三名中執委施行集體領導，直至下次黨大會選出新任的秘書長為止。

新加坡最大反對黨的民主黨，在八十一席的國會中擁有三席，向來被認為是對執政黨扮演監督、批判有效率的反對黨。它雖然不如韓、日、台、馬諸鄰國的反對黨聲勢顯赫，有可能取代內部紛擾腐化的一黨獨大之執政黨出而掌權，但卻是年輕一代新加坡人期待政局開展變化的希望之所寄。

這次詹時中的突萌退意，不僅在反對陣營中激起萬丈波浪，也令不滿人民行動黨二、三十年專政的民眾大為錯愕。他們深覺連任國會議員已屆三任，為人理智和靄、處事穩妥順當的這名反對黨領袖，是新加坡後李光耀時代政壇的一顆明星。他的辭職不但使反對黨陷於群龍無首的混亂狀態，也使中下階層的老百姓少

了一名權益的保護人、意見的代言人。

　　那麼促成詹時中突然引退的原因是什麼呢？這可分爲遠因與近因。遠因方面與詹氏中庸緩進的性格有關。作爲律師出身而以英語爲主要溝通工具的政治人物，詹氏審時度勢深知要推翻人民行動黨這數十年來根深柢固的統治勢力，非常的不易。因此，他主張以忠實的反對黨身分參加於國家的建設之上，而不採取盲目激進的反對策略。這點與民主黨基層和中執委的看法相左。

　　近因則爲他對民主黨中執委處處袒護一九九三年一月才升任爲助理秘書長的徐順全博士頗爲不滿。原因是一九九三年三月間徐案爆發後，民主黨上下都堅稱徐氏的大學解聘爲執政黨的政治迫害所致，爲此新加坡國會還展開官員與議員的大爭辯。詹氏雖然也大力替黨員同志的徐氏辯解，無奈「罪證確鑿」，使大學當局與教育部贏取法理上的正當性，也使反對黨顏面盡失。

　　此事如果至此打住，受害者不過是徐順全一人而已。不料這位娶有台灣婦女爲妻的大學教員，可能受到西方與台灣抗爭運動的影響，

竟在家中的客廳搭起病床實施十天的「飢餓（斷食）抗議」，這下子造成新加坡的震撼。大學當局本來給予徐氏三個月「另覓高就」的寬限，一知徐氏絕食抗議後，立即切斷生路而馬上開除。詹氏認為身任民主黨助理秘書長的徐順全捅了一個大紕漏，把民主黨得來不易的民間聲譽拿在地上踐踏，從此兩人形同陌路。

　　一九九三年五月十七日晚，民主黨十三名中執委假徐順全的寓所開會，黨魁的詹氏遲遲不出現會場。八點過後與會者早已超過法定人數，眼見夜色蒼茫，會議再不開始便要流會，於是徐氏遂動議進行開會事宜。在處理幾件例行公事之後，卻碰到議程上由詹氏所提出「譴責徐順全同志絕食抗議不當致損毀本黨聲譽案」。主席不迴避涉及其本身的案件，卻問在座其他中執委有何意見。大家面面相覷、默不作聲。後來有人指出，絕食抗議早已於四月上旬發生，現在拿出來檢討毫無必要，更何況提案人尚未到會場作提案的說明，於是譴責案遂遭擱置。

　　詹氏後來出現會場，要求討論他的提案，甚至進行表決。結果大出其意料之外，十三票

反對、一票贊成。詹氏遂當場索取一張白紙寫下其辭職書。從五月十七日到六月十八日之間，中執委曾多次派代表會晤詹氏，力勸其打消辭意，繼續領導民主黨，但為詹氏所拒絕。其間他也表示必須開除中執委某人，作為打消辭職的條件，但不為十三名執委及黨主席林孝諄的同意。

　　反對黨的內鬨，最後演成分裂的悲劇。早在詹氏黨籍未被開除，他……已因辭掉民主黨秘書長職，而喪失國會中反對黨領袖的地位。此番隨同黨籍的喪失，詹氏一併失掉他在國會的議員席次，這意味著他被迫放棄經營十三年之久的新加坡民主黨，以及九年來替波東巴西選區服務的成績。

　　面對這一變局，詹氏一方面挑戰中執委開除他黨籍的決議之合法性，準備運用群眾與法庭來討回公道，另一方面也準備波東巴西選區議員懸缺補選時，以獨立人士披掛上陣爭回這一席次。

　　造成民主黨的分裂，正如前面的分析，肇因於詹氏溫和的「忠實的」反對黨路線，受到該黨領導層與重要幹部的質疑，尤其是在處理

新加坡大學心理系前任講師徐順全博士（也是民主黨助理秘書長，現為代理秘書長）遭受大學解聘時，所表現的優柔寡斷，無法為同志申冤，反而替當局護航。詹氏一再對外發言，指摘中執委缺乏紀律、只顧私利、甚至有犯罪的記錄，造成民主黨意氣消沈、形象大壞，這是雙方決裂的主因。顯然詹氏獨斷自恣的領導風格與中執委集團領導的民主作風也大相逕庭。

在新加坡國會八十一席中，反對黨好不容易才爭到四席，其中又以民主黨的三席（工黨一席）取得艱難。此次反對黨陣營上層的內鬨，使反對黨的國會議席可能又少了一名，而助長人民行動黨的氣燄。其結果正如新加坡大學政治系高級講師徐本欽博士之言：新加坡兩黨政治的制衡與輪替又要推遲五至十年，人民行動黨一黨獨大的優勢更難打破。

新加坡民主黨此一分裂危機，正顯示威權國家中反對黨處境之艱困。在很大意義上也反映新加坡精英份子中，接受華文教育與接受英文教育的政治人物，在處世做人方面所表現的重大差異。新加坡捲入中國熱與中文熱的新一代，能夠跳脫上一代的窠臼嗎？

第四節　政治迫害的一個實例

　　新加坡於一九九三年三月間發生了一件轟動社會、引起校園與政界注目的事件。那是涉及新加坡國立大學（簡稱國大）一位教師因為「濫用」研究基金、對大學「不誠實」，致遭校方開除的個人事件。假使按校方對報界的談話，這類不當使用研究基金，而導致有關人員的停職、撤職、開除並非頭一遭，那麼這次涉及國大社會工作與心理學系講師（英制相當於國內副教授）徐順全博士遭受解聘，應該是一件單純校園的紀律處理，不當引起獅城軒然大波才對。

　　但這件解聘事件經過新加坡保守的華文報紙《聯合早報》首次披露，再經英文《海峽時報》的連續報導和評論後，國大與徐博士才各自以不同的角度揭露整個事件的始末。原來現年三十歲的徐順全博士，不僅在新加坡唯一的大型綜合大學，即國大的社會工作與心理學系任教兩年半，而頗受學生的愛戴之外，也是關

心新加坡這個彈丸小國的前途，以及社會貧苦
大眾的高級知識份子。

徐博士正像新加坡有良知而覺醒的新一代
專業人士相似，認為新加坡的長治久安一定要
建立在兩黨公平競爭、輪流執政與相互監督制
衡的西式民主的基礎之上。因之，他成為新加
坡有史以來第一位投身反對陣營的大學教師。
這對一向自詡為吸盡新加坡精英的執政黨，也
即一黨獨大的人民行動黨，無異為一記當頭棒
喝。

一九九二年十二月新加坡的補選只選定吳
作棟總理所出身的馬林百列集選區一地而已。
在該集選區上，由閣揆親自披掛上陣，人民行
動黨四名候選人輕易地擊敗民主黨、國民團結
黨和正義黨三個反對黨所推出的候選人。民主
黨推出的四名候選人中就包括徐順全博士在
內，而引起朝野的注目。要不是民主黨此次補
選卯上了權勢日增的吳作棟（他還從李光耀手
中接棒為人民行動黨黨魁秘書長的職位），那
麼徐順全博士進入國會，成為新加坡最年輕的
反對黨議員，應該是順理成章之事。

徐博士在九二年年底的補選雖未獲勝，但

卻像一顆熠熠耀眼的新星飛升在南國的天邊。
這幾個月來由於經常撰寫讀者投書刊載在《海
峽時報》言論版上，他投書的內容主要在抨擊
新加坡政府對貧病老弱社群的照顧不週，而引
起執政黨上層的反駁。

　　就在徐氏聲望日隆，並且兼任最大反對黨
民主黨的助理秘書長，準備在來年新加坡全國
大選中一露身手之際，卻傳來他受到國立大學
解聘的驚人消息。從一九九三年四月五日開
始，他只好以絕食的「和平方式」，來抗議大學
對他不公的待遇。他絕食抗議長達十天之久。

　　那麼引起他這次遭受解聘的原因，依據國
大的說法是濫用大學研究基金，並「企圖誤導
國大調查工作」。據稱徐博士一九九二年九月
與十一月，分別兩次利用大學撥給他的研究基
金，以快遞方式寄送他台灣籍妻子的博士論文
與有關資料到美國賓州州立大學，一共花掉二
二六元星幣的寄費（合三千六百多元台幣）。但
據徐氏的解釋則為該寄送文件雖然是他夫人申
請博士學位的論文與資料，但論文中涉及的新
加坡精神異常孩童的調查資料，卻是他本人數
年來在獅島進行調查整理的資料，是他與其夫

人準備將來以共同作者的名義合作發表的著作
之一部分。換言之，也是他研究計畫求取美國
學者專家認可的努力之一。再說他寄出資料的
快遞費用收據也經由系主任華素博士（行動黨
推出的國會議員、印度人、能說華語）過目收
存，事過半年之後才翻臉不認賬，顯然是藉故
發揮，來打擊他在選民中清新、正直、誠信的
形象。

　　但大學當局的指摘卻是他隱瞞事實，最先
不坦承利用公款寄出其妻子論文，其後始承認
寄出的是其妻之博士論文，又狡辯該論文與其
研究有關。這是屬於「不誠實」的行為，故受
解聘之處分云云。華素系主任還進一步指摘徐
博士曾於去年參選前向其報告時，企圖用錄音
機錄下雙方談話，經系主任當場逮個正著，顯
示徐氏「公然地不名譽」(blatantly dishonour-
able)。

　　誠如《海峽時報》主筆馮氏（Leslie Fong）
的看法，新加坡大學當局此種不留餘地的嚴厲
作法，給人一種錯覺，誤以為新加坡政府藉大
學之手來迫害異己，特別是以殺雞儆猴的手
段，嚇阻積極參與反對陣營政治活動的專業人

士。此舉必然提供反對黨在下次競選時向選民推銷他們被迫害的形象，而賺取選民的同情與支持。在大學未提供更精確的訊息之前，要遽判徐博士犯了「不誠實」的行爲，而予以幾近斷絕生計的開除處分，據馮氏的看法，是件令各方深感困惑之事。特別是他不同意殺雞儆猴會有效嚇阻追求眞正自由與民主的鬥士。人民行動黨對受過良好教育者加入反對黨陣營的疑懼，不正是吳作棟所標榜的開放、容忍、調適的治國風格之反面？

馮氏對徐博士拒絕走上法庭控告國大的不當解聘或譭謗，也認爲是個困惑的重大問題。事實上以徐案的敏感程度，大學當局似宜審愼處理，迫使當事人自行辭職，或不加續聘即可，何必祭出開除這一狠招？國大這一作法給人以錯覺，以爲大學的背後有政府的黑手在操縱，以結束徐博士的政治生命爲目的。

馮氏要求大學要採取兩個步驟以釋群疑：第一、明確指出徐夫人之博士論文與徐博士之研究完全無涉：第二、說明大學怎樣發現徐氏「不誠實」行爲之經過，特別是該等文件送出已逾半年之後，才有此制裁的後續動作。

　　從徐順全博士事件之發生，可以瞭解一位關心民疾的知識份子在今日新加坡的處境，是應如何小心翼翼中規中矩，而不可有絲毫的失誤，給當局逮住任何的把柄。

第五節　　國家認同

　　在此先談談「新馬」的問題，新馬──不是指我向來研究的新馬克思主義，而是指新加坡和馬來西亞。

　　為什麼要談新馬呢？幾年前中國國務院總理李鵬率團前往雅加達、新加坡、曼谷訪問。一九九〇年八月十一日，李鵬參加了李光耀為他舉辦的國宴，席中他致詞感謝李光耀，並讚美新加坡領導人英明愛國，政府文官效率高，空氣清潔，風景美麗──到過新加坡的人都知道這是事實，更重要的是，李鵬說：「我們應當學習新加坡人民，從他們建國過程中累積的珍貴經驗，且應該善用這個經驗。」

　　新加坡是一個很小的國家，居然得到十二億人口國家的總理如此的讚美；李光耀不過相

當於我們台灣一個市長的身分，照樣可以與中國的總理平起平坐，這點，倍使我們感慨與深思。

　　眾所周知，李鵬並不是一個白手起家，從基層做起的領袖。反之，他憑恃的是周恩來義子、先烈後裔的身分，得到鄧小平等老人黨的栽培，而一步步至今天的地位，他並不太清楚民間疾苦，而大談學習新加坡人民建國經驗，殊為可笑，這是我看到新聞後第一個感想。

　　第二，中國人，包括鄧小平在內的中國人，一向認為，凡是身上流著黃帝子孫血液的人，都是中國的子民，推而廣之，台灣乃是中國的一部分。新加坡有百分之七七‧六的人口是華人，為什麼中國名義上最高領導人的李鵬，獨獨不敢指稱新加坡是中國的地方政府呢？

　　這表示了，建國不過三十年左右的新加坡人民有其深厚堅固的國家認同，使得這個人口只有二九二萬，大約等於台北市人口，或台灣總人口七分之一；面積只有六二一平方公里，約為台灣的六十分之一，即使在全世界的獨立國家、殖民地或託管地的排名，也是很後面的國家，其人民可以在國際社會中揚眉吐氣。

　　依大英百科全書一九八八年有個統計，全世界二一五個政治實體中，面積大小新加坡排行爲第一七〇名，人口多寡排行爲第一一四名，大概是中間偏後。台灣呢，在全世界二一五個政治實體中，面積排行爲第一二三名，人口爲第四十一名，貿易總額爲第十三名，國民生產毛額爲第二十一名，國民所得爲第十七名，以這麼強的建國基礎和經濟實力，台灣實在比新加坡更有資格建立一個新而獨立的國家。不幸的是，四十年來在國民黨的統治之下，台灣不僅無法在國際社會享有與實力相稱的國際地位，甚至「中華民國」漸漸變成博物館的古董，或是國際社會常用語辭典的贅詞廢字。

　　這就是我們台灣人民失去國家認同所造成的悲劇，這個悲劇的始作俑者當然是國民黨政府。兩代的蔣總統，以及現在的李總統，都無法突破台灣的困境──大家都知道，在台灣，外交部形同斷交部，務實外交其實是夕陽外交。

　　回頭再來談談新加坡。談新加坡，免不了要談新加坡的市容整潔，政府有公權力，人民守法，國宅政策成功等等。不錯，這都是新加

坡著名的硬體建設。別忘了，新加坡還有更重
要的軟體建設。它的軟體建設就是，新加坡朝
野，政府和人民，共同認同新加坡這塊土地，
共同認同新加坡這群人民，共同認同新加坡這
個國度。換句話說，新加坡不僅有土地認同意
識，有族群認同意識，更重要的，有國家認同
意識。

　　而這正是今天我們台灣人民最欠缺的所
在。台灣民族必須自我覺悟，要靠國民黨來爭
取我們應有的國際人格和權益，實際上十分困
難，到今天才想要重返聯合國。話說遠了，現
再以新加坡爲例再說明之。

　　一九六五年八月九日，新加坡政府宣布它
是一個獨立的政治實體。和一般人想像的或許
不一樣，起初新加坡並不期望成立一個新而獨
立的主權國家，當年的新加坡是被馬來西亞趕
出來的。一九五九年，新加坡和馬來亞同屬於
英國海峽殖民地，新加坡只不過是馬來聯邦中
較大的一邦。馬來聯邦除了新加坡之外，還有
十三個邦，其中又以檳城、新山等是華人較多
的邦。這些邦大約是華人、馬來人各佔一半，
其它的邦，則以當地馬來人爲多。

　　當年李光耀之所以脫離馬來西亞獨立建國，主要原因是他發現，以東姑拉曼爲主的政府所強調的土著政策，是保護馬來人利益的政策。站在一個新興民族國家的立場，今日看來，也無可厚非。但是李光耀預見了二百多萬華人必須接受以馬來人爲中心的政策，只好黯然神傷，決定離開馬來聯邦，成立一個新的國家。一九六五年，他向老百姓宣布新加坡獨立時，一邊說話，一邊落淚，可見他內心的痛苦。新加坡既不產蔬菜稻米，也沒有水源，完全靠馬來聯邦供應，在這種情況下，脫離聯邦，新加坡實在處境艱難。

　　更嚴重的是，當時的馬來共產黨爲亂。馬來共產黨深受中國共產黨的影響，成員大部分是華裔，到處滲透倡亂，推動學潮、工潮，進行社會運動，企圖推翻民選的政府。所以，離開馬來聯邦，不僅食物飲水的供應斷絕，連國防安全也沒有保障。再加上當時新加坡尚無任何工業化的基礎，就業機會缺乏，到處都是失業人口。在這種困苦的情形下，李光耀咬緊牙根，決心打破困境——今天被逼走上這條路，爲了二百多萬的新加坡人民，必須努力奮鬥。

　　李光耀告訴所有的新加坡人民——當然新加坡人不光是華人，還有馬來人，南印度淡米爾人——新加坡是一個種族複雜的地方，要建立一個新而獨立的國家，政府官員和人民都要有破斧沈舟、置之死地而後生的決心，努力解決國家的生存問題。李光耀乃特別提倡新加坡人應該認同新加坡，不要來自唐山就自認中國人，來自半島自稱馬來人，來自印度自稱淡米爾人，他希望新加坡人不分膚色、不分種族、不分宗教、不分語言、不分信仰，一律自稱新加坡人，必須認同新加坡這塊土地、這個國家。

　　我今天提出這個例子，是因為台灣與新加坡有太多類似之處，都是移民社會，我們必須認同台灣，以台灣為榮。李光耀就是強調這點，新加坡人必須承認自己是新加坡人，不要一天到晚說自己是中國人——華人與中國人意義不同，華人是指一種血統文化背景與他族有異的族群；中國人是一種政治名詞，拿中國護照，受中國統治的中國國民自才稱是中國人，由是可知新加坡人不要自稱是中國人了。這點我要特別向在座各位呼籲，今後我們不要再自稱是中國人，即使祖先來自中國大陸，我們還是台

灣人，不是中國人。一九八九年我們的李總統
去新加坡，他們說「來自台灣的總統」，他們認
爲中華人民共和國才代表中國。在新加坡，不
論是官方文書、新聞媒體或商業廣告，中國和
台灣兩者是徹底分開的。

　　各位，台灣不光是一個地理名詞而已，應
該是一個享有國際地位的政治實體，在此凡是
自稱什麼中華民國，代表整個中國，忘記自己，
而又狂妄地主張對中國有主權，這都是空思妄
想，都是活在過去幻夢中的人。中華民國這四
個字，早該放進博物館。凡有識見的台灣人，
早該以台灣爲主體，進軍世界才對。

　　這也是爲什麼新加坡值得我們借鑑之處，
特別是民族認同、土地認同、國家意識的倡導，
是建立在新加坡所採取的種族和諧的政策之
上。

　　新加坡種族和諧政策的成功，建基於下列
四大方面：

　　第一，新加坡規定馬來語是國語，但英語、
馬來語、華語、淡米爾語等四種語言同爲官方
語言，一律平等對待。所有的官方文書、政策
宣示、一律用四種語言。電視台廣告、新聞報

導的時間則妥當分配——因為華人較多，所以華語廣播和地方戲劇時間較長。另一波道則以英語較通用，此外，新聞及其他節目也大都使用英語。

第二，新加坡政府鼓勵每個族群保存、表現自己的文化，每年並訂有華族文化月、馬來文化月、印度文化月等，目的在保留、認同自己的傳統文化，基本上政府推行的是一種開明、開放、平等的文化政策。

第三，除了推行種族和諧，新加坡還刻意保護少數民族——尤其在就讀大學的比例，政府文官任用，都有明文規定。新加坡只有一級議會，全國劃為幾個小選區選出國會議員，少數民族很難在小選區獲勝，李光耀於是在十五個選區中特別保障少數民族，使得各個選區也能選出少數民族到國會表達民意。

第四，在國民住宅的設計上，強調每一族不要隔離居住。像猶太人在歐洲或在美國，往往集中居住，或像中國人形成唐人街，與別的族群老死不相往來。李光耀則希望每個社區都有不同民族混雜居住，和諧相處，並且鼓勵異族通婚。

今天，新加坡在成功的種族和諧政策，逐漸形成國家認同，把種族歧視、種族差異降到最低程度。尤其是，新加坡的華人不光是來自福建，還有廣東、廣西、海南島，甚至山東，照理說，新加坡還應該有所謂的省籍情結，可是，新加坡已經解決最困難的種族歧視，自然更無所謂的省籍歧視，省籍情結可言。

這也是值得我們台灣借鑑之處，在台灣朝野上下應該有此共識——今天在中國的威脅之下，台灣要求自保，要求自立，唯有從土地認同、族群認同，以及國家認同做起。不管是原住民、早先移民、土生土長的台灣人，或二次大戰以後撤退來台的軍民，一律應自認是台灣人。

突破被國際社會孤立的困境，是目前我們的當務之急。這本是政府應該做的事，政府不肯做，只好靠民間自己做。當國民黨政府一天到晚高喊要反攻大陸、三民主義統一中國，自稱主權及於中國大陸，這樣的政權豈肯放棄中華民國名稱，豈肯認同台灣這塊土地、這群人民？

今天在座各位，必須有此觀念：我們非將

台灣由地理名詞變成一個政治名詞、國家名詞
不可，這也必須靠人民共同努力才行，要靠現
在的執政黨政府來做，幾乎不可能。

　　其實，菲律賓、泰國、馬來西亞、印尼、
新加坡等東南亞國協，本來最樂意推動一個中
國、一個台灣的政策。一九五七年，馬來西亞
首相東姑拉曼曾勸蔣介石從中國獨立出來，但
蔣介石拒絕東姑拉曼的建議。另外，在被趕出
聯合國之前，沙烏地阿拉伯國王也曾建議蔣介
石以台灣的名稱加入聯合國，當時的外交部長
葉公超也有此看法，結果得罪蔣介石，失去了
外交部長職務，以後蔣經國也不肯放棄代表中
國大陸的妄想。由此來看，兩代的蔣總統實在
大大限制了我們未來生存的空間，令人非常痛
心。最近李登輝總統提出務實外交，準備重返
聯合國，這是值得稱道的。

　　剛才提到東南亞國協成員國原本實行「中」
台政策，認為台灣是一個政治實體，根本不理
中共所謂「台灣是中國的神聖領土」。今天「中」
台政策之所以實行，除了中國的壓力之外，更
重要的是，國民黨政府大幫中共的忙，大喊一
個中國。其實，不管是中華民國或中華人民共

和國，外國人根本沒興趣去區分國名有沒有「人民」，是不是「共和」，在他們心目中，中國就是中國，台灣就是台灣，兩者不可混爲一談。

就我所知，早前李光耀秘密來台訪問，不只一次向蔣經國說台灣事實上是一個獨立的國家。而蔣經國被認爲最偉大的一點是，在他臨死前不久，終於承認「我也是台灣人」。其實他是看到李光耀到台灣來，四處和鄉下人用閩南語侃侃而談，水乳交融，而他自己到台灣四十年，不會說台灣話，在此種感慨之下，才說出「我也是台灣人」。各位必須了解這句話背後的歷史情境。但是，不管怎樣，他總比那個自稱「人在台灣，心懷大陸」的過氣軍頭，確實要高明得多。過去，台灣人一直沒機會自稱是台灣人，現在台北市還出現大批的「國語族」，只會講中國話，不以講台灣話爲榮，我希望大家努力學習台灣語言，培養台灣意識，以此教育下一代。由新加坡的例子，有朝一日，台灣終會變成一個國家名稱，這是我最深的盼望。

（在台美文化交流中心演講講詞）

第三章
新加坡的領導階層

第一節　領導階層的病變危機

　　一九九二年十一月十七日，新加坡政府的
總理公署突然召開記者招待會。主持會議的居
然不是公署中的高級行政官吏，而是新加坡綜
合醫院現年才卅四歲的惡性腫瘤治療專家洪炳
添醫師。

　　洪醫師宣布一項令新加坡朝野震撼惶恐的
壞消息，也即現年五十六歲的王鼎昌副總理，
以及李光耀哲嗣、現年四十歲的李顯龍副總
理，兩位內閣副揆同時罹患淋巴腺癌。

　　這一石破天驚的新聞一公告，近年間飽受

國內外經濟不景氣打壓已久的新加坡股市，一下子狂瀉三十二點，新加坡股市的投資者，又承受另一波雪上加霜的打擊。

關於王、李兩位副揆罹患重病的謠聞，在一九九二年十一月中旬早在星島便已傳開。尤其是總理吳作棟十一月十五日星期天在執政的人民行動黨大會上，公然呼籲擢用高級人才進入內閣為國家服務時，更凸顯獅城部長級人才的短缺。在記者招待會上列席的吳總理，應記者的詢問，指出徵求治國良才向來為他所關心的事項，不過兩位副總理的得病，更加深他求才的迫切性。

事實上，新加坡政壇導航者的罹患重症的消息之蛛絲馬跡，還可追溯到內閣資政李光耀一九九二年十一月初毛利求斯之行的談話上。十一月七日前往印度洋小國訪問的李光耀，在向毛利求斯大學師生的演講中，曾推銷新加坡經濟發展的經驗，以供毛國參考。他提到他擔任總理職務期間，不斷向其繼承人耳提面命，要人民行動黨儘可能吸引與重用有風骨的人士入閣，不管他們是否批評時政、反對政府現行政策，或接受某類意識形態。只要人才能夠吸

收在執政黨陣營中，則不必擔心反對黨坐大。
否則這些人才一旦投身反對陣營，人民行動黨
便有喪失政權的隱憂了。

王鼎昌所罹患的淋巴腺惡性腫瘤是輕度
的。他在一九九二年四月下旬發現頸上長了一
小塊贅肉，不痛也不癢。經新加坡大學醫學院
教授，也是癌症專家陳有爲醫生檢驗，證實爲
惡性腫瘤之後，又受到美國著名淋巴腺病症權
威醫師羅森貝格（Saul Rosenberg）──史丹
福大學醫學院教授──以及另一位名醫，也即
德州大學醫學院教授卡巴尼拉斯（Fernando
F. Cabanillas）的會診，認爲目前沒有採取任
何治療的必要。

原因是低度腫瘤發展爲高度惡性瘤的機會
只有百分之廿五，雖然它會牽連到骨髓的百分
之八十五。但王鼎昌卻在宣布他患有癌症毛病
的當天，飛往印尼首都雅加達辦事，並照常工
作、吃睡和運動，顯示其身體狀況頗佳。

至於權勢日隆的李顯龍副總理，則是在一
九九二年十月十六日每年例行體檢中，發現其
直腸有三顆肉片附生在腸膜上。經醫師切片檢
驗後，證實爲中期的淋巴腺惡性腫瘤，所幸尙

未擴散到其他器官。

　　新加坡大學醫學院資深醫師王永堯教授、腸胃手術專科醫師吳合素和洪炳添醫師皆主張，以藥物來治療李氏腫瘤。李氏已於十一月十六日進入新加坡綜合醫院接受醫治。美國兩位名醫羅森貝格和卡巴尼拉斯也贊成此種藥物療治的方法。

　　新加坡政府還特別邀請中國治癌專家孫炎教授，由北京飛往獅城爲李顯龍診斷。孫氏指出，傳統的中藥無法單獨使用而根除癌症，僅能培元固精，增強病人免疫的能力。

　　洪醫師在回答記者的詢問時指稱，至今尚未爲李顯龍開出中藥藥方。但李氏服用西藥後，可能有脫髮和嘔吐作用之現象。不過藥物治療完成後，頭髮會再繼續生長，而目前也有特效藥，可以控制嘔吐的情況。

　　他表示，李顯龍將接受六輪的藥物治療，每輪長達三週之久。在每輪治療的第七日至第十日，病人的白血球將大爲降低。此時病人將必須遠離群眾，以免感染其他疾病，而使病況惡化。

　　洪醫師認爲李顯龍的病情可受有效控制，

醫生們將在第三輪藥物治療後，觀察病人的反應，再商討下一步治療的方式。卡巴尼拉斯醫師曾在十一月上旬，在休斯敦檢驗李顯龍的病況，認為他有百分之九十恢復健康的機會。

洪醫師也同意美國名醫的看法，因而對李氏的治療抱持樂觀的態度，而且指出罹病的李顯龍「神情煥發」，與王鼎昌都是勇敢與樂觀的人，必定會克服病魔，重歸健康正常的生活。

列席記者招待會的吳作棟總理，在答覆國內外記者發問時，表示不會因為兩位副總理的罹病而考慮改組內閣。

新加坡政府這種自動公布真相，杜絕任何謠言的透明人事政策，是值得讚賞的。

第二節　領導階層的權鬥

自一九九二年年底以來，新加坡副總理李顯龍一直在美國與星國名醫的藥物與放射線治療下，經半年的努力，終於克服了癌症的惡疾，而大有恢復健康的樣子。這是李光耀在前往中國進行訪問之前，向報界透露的消息。

　　作爲新加坡政壇重量級人物的李顯龍，其
升遷之快速、權勢之崇隆，在星國由自治、獨
立至建國這三、四十年的歷史中，除了他的老
爸李光耀之外，不作第二人想。因此，他一九
九二年十一月中旬病變的消息，有如晴天霹
靂，給星國朝野與李氏家族帶來無比的震撼。
有人形容當時正在造訪毛里求斯的李光耀聞訊
後，整個人幾乎麻木了一陣子，完全無法置信。

　　至今李顯龍經過群醫的細心治療，頭殼由
金光閃閃又長出濃郁的一頭黑髮。新加坡愛戴
李家的人又迸出歡呼與笑語，期待李顯龍重掌
副總理兼貿易工業部的職務。

　　爲了防止李氏重陷癌症病魔之手，吳作棟
總理特別安排李顯龍多加療養休息，準備給他
兩年的休養假期。吳氏接著說：「屆時我會決
定給他安排適當的職位與工作。」

　　自一九五九年便主控新加坡執政黨人民行
動黨的李光耀，在擔任了三十三的黨魁（秘書
長）之後，於一九九二年把這個執政黨的寶座
讓給吳作棟，儘管他擔任卅一年的總理職務早
於一九九一年十一月交棒給吳氏。李光耀並未
完全退出新加坡的政壇，他現仍保留內閣資政

(Senior Minister) 的職銜，對內閣重要人事的任免與重大國家政策有發言權。

儘管吳作棟深受年輕的內閣閣員與人民行動黨黨機器的擁護支持，但他坐上總理這一席位，並非得到李光耀的大力提拔。如眾所知，他是李光耀繼承人的「第三順位」，排名在前任教育部長陳慶炎與當年貿工部長，也即李氏長子李顯龍之後。

由於陳慶炎對官場浮沈早已看破，也知道自己只會權充李顯龍爬升的踏腳石，所以堅持由國家領導人的職位全身而退，改到新加坡最大民間銀行擔任報酬豐厚的董事長閒差。另一方面，李光耀也避免露骨的傳子勾當，所以只好以才華不露的吳作棟為其繼承人，而全面為李顯龍遲早的接棒舖路。

在這種情形下，李光耀偶爾也會奚落吳作棟英語遣詞用字之不夠典雅。須知吳氏出身新加坡大學經濟學系榮譽班學士，雖曾短期赴英、美、澳進修，自然不若出身英國貴族大學法學士的李光耀之能言善道、以理逼人。

分析家指出，吳作棟不急於讓病癒後的李顯龍復出執行公務，表面上在讓小李休養生

息，實質上則讓後者沈穩收斂的這段期間，來展露吳氏治國的魄力與才華，俾杜絕批評者悠悠之口。另外有人更相信，在這兩年當中，吳作棟正好穩固其權力基礎，俾選擇其喜愛的助手，甚至畀予新助手接班人的機會。

就在宣布小李罹患癌症的同時，吳作棟也任命早已與小李有嫌隙，而一度聲言退出政壇的前外交部長丹那巴南重回內閣。丹氏被任命為取代小李兼職貿易工業部部長。

作為回鍋油條的丹那巴南，雖然娶了華族婦女為妻，卻因為本身不是華人，勢無法在可見的未來擔任星國總理重職。更何況老李已開始散布言論：「至今為止新加坡人尚無法接納一位印度人作為他們的總理。」據稱丹那巴南在一九九三年底要再度退出政壇。

吳作棟在一九九三年訪問中國時，曾指定另一名也患癌症（良性）的副總理王鼎昌為代理總理，而避開了小李。不過觀察家並不看好王氏。原因是王鼎昌出身華校，不似其他部長接受過英文教育，不易為老李以及新加坡政壇的唯英語是尚之精英所接受。考慮到適當的人選之不易，分析家認為吳氏未來視為左右手的

人，如果不是現任外長黃根成，便是財政與交
通部次長的張志賢。

　　黃根成的升遷也頗爲快速，他除擔任外長
職之外，也爲人民行動黨第二副秘書長，兼人
民協會領導人（第一副秘書長爲李顯龍）。張志
賢原爲海軍首長，官拜准將，退出軍職後與吳
作棟並肩在馬林百列集選區競選爲國會議員，
兼兩部次長職，據聞一九九三年年底可望晉升
爲部長。

　　事實上，吳作棟的選擇是否正確無誤，還
得透過老李這一關的檢驗。這一年半來，吳作
棟及其內閣也飽受老李干涉之苦。老李常在治
國作風或重大政策方面，「糾正」了吳內閣的
「錯誤」，造成外界以爲新加坡有兩位總理的
錯覺。

　　黃金輝四年的總統任期將在一九九三年秋
結束。在六月五日至九月一日之前，新加坡將
由人民直接選出一名新總統，任期長達六年，
對政府重要官吏的任免有核可權，對新加坡龐
大的外匯存底有監督權。李光耀雖然曾經表示
無意出任首屆民選總統，但未來星國這位並非
虛位而擁有實權的總統之出任，勢必獲得老李

的首肯同意，乃爲自明之理。

第三節　閣揆吳作棟的參選戰

　　就在台灣舉行第二屆立委國會大選的一九九二年十二月十九日投票日，新加坡也進行一場執政黨與反對黨公開對決補選對壘。

　　獅城補選並非全國性多個選區捲入選戰，而是現任閣揆吳作棟總理所代表的馬林百列集選區。由於新加坡實施的是英國式內閣制，總理出身爲國會多數黨議員，故必須經由基層民意的認可票選爲議員之後，才由多數黨議員推舉爲領袖，出面擔任閣揆組閣。

　　這次吳作棟以他「閣揆的故鄉」作爲賭注，宣布馬林百列區補選，其動機一方面在昭大信，實踐他一九九一年新加坡舉行國會全面選舉時所許下的諾言，答應在一年半以內舉行補選，俾使錯過該次大選參選機會的反對黨領袖像惹耶勒南（工黨秘書長）有披掛上陣的機會。另一方面則爲李顯龍和王鼎昌兩名副總理罹患淋巴癌消息發布後，新加坡領導人才的短缺和

接班危機馬上呈現，爲了確保國家領導的持續，也爲了引進人才，吳氏遂選擇勝選最大的馬林百列區作爲第一個補選地區。

選擇「閣揆的故鄉」作爲測試民意與人民行動黨實力的較力場，還有另一層意義。那是因爲吳作棟在馬林百列區已擔任了四屆十六年之久的國會議員，對該區選民如數家珍，能夠喊名道姓。更何況去年以來使用公款把該區幾棟國民住宅翻新重漆和改善附近學校、商店、公園等公共設施，使得百姓對擔任議員和總理的吳作棟衷心的愛戴。無疑地，這一補選不僅關係這一選區誰出任國會議員，還可以視爲吳作棟是否孚人望，不但擔任國會議員，還繼續成爲新加坡政府的首長的一次檢驗。

由於新加坡是一個多元族群的移民社會蛻變的新工業國家，爲了照顧少數民族的馬來人、印度人和歐亞混血兒，而排除大漢沙文主義，因此，自一九八四年開始，全國劃分爲十幾個集選區和四十幾個小選區，在小選區中，不管多少人、多少黨提名，只有獲得多數票者爲該區唯一的當選人。至於集選區則由政黨提名，一提就是四名候選人，其中至少一名爲少

數民族（馬來人、印度人）。這一作法在保證少數民族有其代表，可以保障其權益。在集選區選民只投政黨而不投政黨所推出的候選人。一旦某黨獲得多數票，該黨所提四名候選人便告當選爲新科國會議員。

這次馬林百列的補選中，居然出現四方勢力的混戰，亦即除了執政黨人民行動黨之外，尚有新加坡民主黨、國民團結黨和正義黨等三個反對黨。執政黨除了吳作棟領銜之外，尚包括一位次長級人物姚智、馬來人的歐思曼，以及新人海軍總司令張志賢准將。吳作棟在競選期間就說明一旦執政黨獲多數票，上述四人（前三人爲現任議員）都變成議員之後，新人張志賢將脫離軍人身分擔任次長職，俾達到引荐新進、擢用人才的初衷。

值得注意的是工人黨在提名日的最後一刻，放棄參選。其原因是認爲勝算渺茫，也不樂意見到反對黨彼此之間的廝殺，更不打算讓工黨秘書長惹耶勒南（李光耀的死對頭）打一場毫無把握的選戰。

就因爲工黨急流湧退，使得民主黨領袖詹時中對外公開發言，指出此次補選乃爲執政黨

與第一在野黨的「直接戰鬥」，他呼籲馬林百列
區的選民應給予民主黨一個制衡的機會。

　　民主黨提出的候選人有劉永源、蕭泉福、
莫哈末沙立和徐順全博士。前兩位為選場老
將，在一九九一年大選中差點擊敗人民行動黨
的候選人，是屬於反對黨陣營的強棒。至於新
人徐順全博士，為今年才三十出頭的優秀專業
人才，足以摧毀執政黨向來對反對黨的抹黑污
衊，說什麼只有受政府冷落的野心政客才會投
入反對黨陣營云云。徐博士的參選將會喚起新
加坡中產與知識階層，特別是大專教員，踴躍
加入民主化運動行列，而使執政黨不再壟斷新
加坡稀有的資源──人才。

　　可以預料得到的是，新加坡人民既要人民
行動黨繼續執政，又要強而有力的反對黨來制
衡一黨獨霸，因此，十二月十九日的補選仍舊
是行動黨的勝利。這一補選開票的結果，對新
加坡內外的觀察家而言，無人跌破眼睛，無人
感覺訝異，一切都是在意料中。

　　有人指稱吳作棟藉此番補選，證明他「新
起點」（New Lap）的親民政策，較之於其前
任李光耀一味注重效率的嚴苛作法來，更廣受

新加坡人民的歡迎擁護。鑒於李顯龍接受治療
能否阻遏腫瘤惡化，要遲到次年一、二月間才
能知曉，吳作棟坐穩總理寶座，已是不爭的事
實。李光耀雖然曾經有意貶損吳作棟，而在過
去談話中，指出已退出政壇的前教育部長陳慶
炎是總理第一人選，而吳作棟才是第二人選，
但陳氏堅持棄政從商，而李顯龍又患癌症，看
樣子吳作棟獨領風騷的時代終於降臨了。

第四節　　總統直選

　　新加坡在一九九三年八月廿八日直選總
統，這是建國廿八年來南洋島國政治舞台上的
新景，自然值得島民的歡慶與國際的矚目。
　　過去新加坡的總統完全是一名象徵性的國
家元首，位高權輕。他充當迎接國賓、酬酢政
要、接受外交使節呈遞國書、出席一年一度國
慶日（八月九日）閱禮官等職務，每四、五年
形式上把人民行動黨的黨魁，提交國會投票，
而任命其爲總理，再依總理提名的內閣閣員任
命爲部長。再來便是國會開議與結束會期時，

出席亮相，按政府通過之法案公布爲法律這些
事務性的工作。甚於此，總統一直由現任總理
提名，而由國會議員投贊否票後出任。

　　數年前當李光耀仍在位擔任總理職務時，
突然心血來潮，要把國家元首的選舉改爲公民
直接選舉。經過後來的修憲動作（一九九一年）
總算決定今後總統 要民選了。李光耀這個大轉
變，並非他體認了全世界民主潮流的湧現，人
民當家作主意願的激漲，也不是他爲自己交棒
後預舖後路，準備由內閣制改變爲總統制，做
一名有實權的總統，來安享餘年。

　　李光耀突萌總統直選的心意，正是他有感
於新加坡這一、二十年的政經建設，好不容易
把一塊不適農耕、毫無礦產的沼澤地帶，發展
爲東亞四條小龍之一，外滙存底也有數百億美
元。加上政府實施公積金制度，老百姓的儲蓄
有很大部分交在政府的金庫裡。他就擔心未來
的執政者，不懂撙節，大肆浪費公款去從事大
而不當的國家建設，最後導致國庫空虛、國本
動搖。因之，向來高瞻遠矚的李光耀乃建議修
憲，而選出一名有民意爲後盾的實權總統，來
制衡行政權的擴大與濫用。新選出的總統，不

僅要嚴密監督政府的用錢政策，也要對行政人員的任命，即對用人政策發揮核可權。

鑒於黃金輝總統的任期於一九九三年九月初屆止，新加坡政府遂於六月初宣布有關總統直選事宜的籌劃。跟著一個所謂的總統選舉委員會的組織也告誕生。

該委員會最重要的任務在於訂定候選人的資格條件。其中規定必須擔任若干年公職或公司行號的負責人。此舉固然在於遏制參選的浮濫，但有關行為清白未曾被法院判刑，則對反對黨推出的候選人極為不利。原因很明顯，執政黨對付反對黨派的撤手鐧，常是藉司法之手來加以抹黑打壓。反對黨有頭有臉的人，除了前民主黨魁詹時中之外，常有誹謗罪、挪用公款罪被法院判刑的。也有人遭法院判為破產人，而喪失競選議員的資格。

八月二日新加坡最大的工會，也即全國職工總會（簡稱職總NTUC），由會長奧里維羅召開記者會，突然宣布提名該會秘書長（也即職總最高領導人）王鼎昌為民選總統候選人，而使數個月來新加坡民間紛紛猜測的未來總統繼任人選撥雲霧而見青天。換言之，新加坡的第

一位民選總統雖不是李光耀，却也是政壇上的一支強棒，也即職總的首腦、兼任副總理、人民行動黨主席（主席不是黨魁，黨魁為人民行動黨的秘書長吳作棟）的王鼎昌。

　　職總支持現年五十七歲的王鼎昌為總統候選人的三大理由為：(1)王鼎昌自一九七二年擔任金吉區國會議員至今垂二十年，歷任交通、文化、勞工部長，一九八五年至今任副總理，且自一九八三年五月至今兼任職總秘書長職也已滿了十年。因此對國家貢獻很大。(2)民選總統的職責在保護國家儲備金，而大部分的儲備金來自於工人公積金存款。因此推選王氏這種充分體諒與瞭解工人權益的政治人物擔任國家最高公職，就能保證國家儲備金不被濫用。(3)王氏一旦當選必須辭掉職總秘書長職，固然是職總的損失，但此舉不僅為新加坡工運服務，也能夠為整個新加坡服務。

　　撇開這些冠冕堂皇的說詞，讓擁有華文教育的背景、為人謙虛和鋒芒不露的王鼎昌出任首屆民選總統，對後李光耀時代大力建立本身自主意識與親民形象的吳作棟總理而言是一項高招。其空下的副總理席位可以擇心腹彌補。

至於王氏空下的大巴窰集選區國會議席可以暫不補選。行動黨主席則由陳慶炎（現任副主席）真除。職總秘書長職由林文興遞補，這下子吳作棟的權勢更形穩固。

為了讓外界有參選的形象，六十七歲的銀行家與退休公務員蔡錦耀也登記候選。反對派工黨領袖惹耶勒南在登記截止前的投入參選，雖獲得新加坡最大反對黨民主黨的支持，却完全被封殺。他在一九八六年被判挪用工人黨公款的罪刑，雖遭英國樞密院平反，却失去前年國會參加競選機會。這下子八月底的新加坡總統直選，不但雨滴小，連雷聲都不大，完全是不競之選，也是島國華人常用的競選詞彙「不勞而獲」。王鼎昌成了「不勞而獲」的民選總統了。

一如前面的分析，新加坡史無前例的總統直選，終於在毫無競選的氣氛下落幕。人民行動黨推出的候選人，該黨前任主席王鼎昌以九十五萬二千五百一十三票，佔有效投票數的百分之五十八點七，榮登首名公民票選總統寶座，為南洋這一個四季如夏的島國之政治史開了新紀元。王氏得票率不高顯示新加坡人民對

執政黨大小通吃的不滿。

　　儘管王鼎昌在投票前兩週，於八月十六日起正式辭掉執政黨黨主席職務（由前任教育部部長陳慶炎接任），也同時解除內閣副總理與大巴窰集選區國會議員的行政兼代議職務，但他與人民行動黨的關連，並非一紙辭職書就能完全一刀兩斷。因此，王鼎昌為了爭取實權而非虛位元首的最高職位，其背後的支撐力仍舊是執政黨。這對期待反對勢力茁壯，足以制衡人民行動黨一黨獨大的新加坡公民而言，這張總統選票的圈選，絕非輕鬆。

　　難怪出面競選的六十七歲退休銀行家與前任審計長蔡錦耀，在兩次出現於公營電視台的十分鐘競選活動中，大方撇清他與人民行動黨的關連。他在首次電視談話中指出，他所以未貼出宣傳海報，也未舉辦群眾演講會的原因，在於他既無政治組織又無政治基金作後盾，完全是受到老友前副總理吳慶瑞，與現任財長胡賜道的慫恿，不讓首屆總統民選演成獨脚戲，讓王鼎昌在沒有敵手的競爭下輕騎過關，成為一位「不勞而獲」的國家元首，才勉強出來湊熱鬧。他強調百姓有權在黨派支持的候選人與

完全無黨派的候選人之間作一抉擇，原因是新任的總統是超乎黨派，以全國共同的利益爲依歸，而非代表社會某一部門的權益，更非單單受到執政黨的支持，便可出任新職。

　　蔡氏推崇其敵手王鼎昌服務公衆的成就，但基於公共義務（public duty）的信念，仍願意出來陪選。他承認民選總統的重要性，不只是由於人民的信託（而非政府的任命），更在於擁有審核預算、監督公積金、核可部會首長和掌理國防與宗教事務的實權，此一實權應由超黨派的國家元首來加以發揮。

　　在投票前兩天的電視亮相裡，蔡錦耀呼籲新加坡選民投他一票。他問道：「人民行動黨已控制了行政與立法部門，總統一職難道還要讓人民行動黨控制嗎？」這一反對執政黨大小通吃的招數，倒也能夠刺激新加坡一般百姓被管制過多的不滿，有利於蔡氏高票落選，但無法搖撼王鼎昌穩坐寶座。

　　事實上，總統選舉委員會所訂高門檻的候選人條件，一開始便把具有挑戰性，也是李光耀的死敵，勞工黨秘書長惹耶勒南排除在候選名單之外，就註定這次的總統直選是不競之

台北縣深坑鄉北深路 3 段 88 號 5 樓

揚智文化事業股份有限公司　收

姓名：

電話：（日）

傳真：

FAX：

地址：□□□ 縣市 鄉鎮區
（請寫郵遞區號）

廣　告　回　信
臺灣北區郵政管理局登記證
北台字第 8719 號
免　貼　郵　票

106-□□

爭，是沿著執政黨事先安排的戲碼在演出的政
治喜劇。由於王鼎昌已坐上新加坡首任民選總
統寶座，獅城政壇又進入一個新紀元。

第四章
新加坡的外交策略

第一節　三岸外交手法

一九九三年四月假新加坡舉辦的辜汪會談是否雙輸或雙贏，還是北京贏取國際輿論界一個去掉好戰而樂意以和談來解決地區爭端的美名，抑台灣贏到與中國在會議桌上平起平坐的「對等實體」的夙願，這些都有待未來史學家予以評定，目前仍舊是一樁爭議不斷的歷史事件。

但此番辜汪會談幕後促成者，也是提供會談場所的新加坡，卻是海峽兩岸四十多年來半官方機構接觸的最大贏家。以一個彈丸小地的

獅城，居然能夠扮演這一仲介的角色，世人不禁對新加坡大玩三岸外交的手腕高明讚賞備至。在辜汪會談召開前，新加坡內閣資政的李光耀便分別接見中國與台灣代表團的負責人，會議甫告結束，剛剛訪問過中國大陸的總理吳作棟也趕快與辜、汪二人見面。連民進黨反對國共和談宣達團的施明德也在歸國前夕，與新加坡內閣副總理的王鼎昌寒暄幾句，去除民進黨在國外「丟臉」的污衊抹黑。

　　就在新加坡國內為辜汪會談的場所大力佈置之四月十九日，吳作棟總理率領了財長胡賜道、外長黃根成、勞工部長李文獻等一行人抵達北京進行九日的官式訪問。歡迎吳氏率團訪問北京的人民大會堂座上，李鵬強調中國投資環境的改善，他表示大陸正在進行第八個五年計畫，將優先發展基礎建設與農業。關於基礎建設，北京政府歡迎外商投資興建鐵路、電力與通訊。新加坡政府也表示對電力與通訊方面進行合作的意願。

　　中新雙方的代表團除了強調經濟合作之外，尚討論到當前國際的情勢、區城的合作與發展等問題。李鵬強調中國需要一個和平的環

境以利經濟的發展。吳作棟表示，新加坡長期
以來和中國保持良好的關係，特別是兩國近年
間經貿關係發展密切。他自謂新加坡在資金、
技術和管理方面佔有優勢。因之，新加坡政府
鼓勵其國民到海外投資，特別優先考慮到中國
謀求商務發展。他自信中新兩國的經濟合作可
以提升到更高的水平。

　　近年間由於環球性的經濟衰竭，以及美國
和歐共體紛紛採取貿易閉關保護主義，新加坡
為因應此一全球經貿性浩劫，早就鼓勵其商人
向中國、印度、非洲、東歐、中亞等地區進軍。
此次吳氏訪問大陸，不僅在為新加坡私人企業
尋找更有利的投資場所，也為政府所經營的龐
大海外投資公司，擴大經濟合作對象與項目。
他於抵達北京第二天的談話中，重申新加坡有
興趣在中國投資大規模的基礎建設項目，因
之，把新、中兩國目前的貿易關係提升到新加
坡對中國的投資關係；而投資的區域將包括江
南、山西等地。

　　中國對外貿易經濟合作部部長吳儀女士，
在與吳作棟一行人會談時，指出新加坡投資者
過份謹慎拘泥，未能抓住機會。就像日本人未

能掌握時機，以致有關大陸的汽車市場之進
軍，遠落在美、德、法諸國之後。她說到去年
底截止，新加坡在中國的投資總額為十八億美
元（合四百六十七億台幣）。其中去年一年為過
去十多年投資額的總和，投資項目多達一千三
百個，平均每一項目僅值一百萬美元而已。

　　據稱新加坡永泰集團計畫在浙江寧波投資
碼頭與房產。又新加坡也參加中國副主席榮毅
仁以前所主持的中國國際信託投資公司，擬用
三十億人民幣（約一百三十億台幣），開發寧波
北面的大樹島。此外，新加坡投資者擬於無錫、
蘇州投資，也對山西火力發電廠的興建擬予評
估後進行支援。

　　中國人民銀行副行長陳元，強調中國將以
發行股票持份的方式來改善大型的國營企業。
此外，金融體制將逐步自由化，而便利外國金
融機構參與中國的金融活動。新加坡代表團替
該國華僑銀行、大華銀行、華聯銀行駐華代表
處要求升格為分行說話。陳元表示，這應該是
可以解決的問題。後來中國人民銀行行長李貴
鮮也表示，將考慮三家新加坡銀行代表處升格
的申請。

　　吳氏一行於一九九三年四月廿二日在山東
省長陪同下，遊覽了泰山。據稱新加坡與山東
的貿易總額是三億美元，在山東投資八十五個
項目，投資額爲一億美元，是山東省的第五大
貿易夥伴與第五大投資國。

　　在此之前，新加坡與中國政府於四月廿一
日簽署了新的航空協定，允許新航可直飛北
京、上海、廣州、昆明、深圳、廈門、西安等
七個城市，中國則自選十個地點飛往新加坡。
自一九八八年至一九九二年的五年間，兩國間
客運量成長百分之二十三、貨運量成長四分之
一。一九九二年兩國的客運量爲十六萬四百人
次，貨運量爲四千三百公噸。

　　從吳作棟率團訪問中國不難理解今日新加
坡與中國在外交與商貿等方面密切的關係。很
明顯地，作爲一個主權獨立國的新加坡，是如
何善用其治國領導人的才華，大搞其三岸外
交。

第二節　領導人的外交秀

　　就在一九九三年辜汪會談吸引全世界媒體的視線不到兩個禮拜的時間之內，新加坡的領導層又動作頻繁，紛紛展示個人外交的手腕，爲東南亞這個彈丸小國贏取環球輿論界的矚目，這眞令人驚訝和讚歎獅城領導人物之善於造勢、精於作秀了。

　　話說甫自中國大陸進行九日（一九九三年四月十九日至廿八日）官式訪問，走過大陸北京、泰山、大同、蘇州、上海、廣州、深圳等諸大城或風景區，返回星洲不過十來天左右的吳作棟總理，又風塵僕僕地於五月九日飛往東京，參與一個涉及全球（特別是亞太地區）經濟發展與區城安全的國際會議。這個一九九三年五月十二日揭幕，定名爲「亞洲在變遷的世界當中扮演之角色」的國際會議，是由美國的亞洲學社、道瓊公司與日本《經濟新聞》社等幾個民間團體主辦的。這無異是一場亞太首長會晤的座談會。

　　應邀參加此一小型亞太國家非正式的高峰
會議者，除了吳作棟之外，尚有馬來西亞的首
相馬哈迪醫生、日本首相宮澤喜一、紐西蘭總
理鮑傑、越南副總理潘文凱。此外美國前任國
務卿季辛吉、日本豐田汽車公司董事長、東京
銀行行長、日本高級官員與為數六百名企業界
人士也應邀與會。

　　會議廣泛交換亞太地區政治、軍事、安全、
商貿與經濟合作諸問題的看法。先行飛抵東京
的吳作棟，視此次訪日為他自一九九一年十一
月擔任新加坡總理以來的頭一遭官式訪問。他
在五月十日與日本外相武藤嘉文的會談中，便
積極為亞洲這兩個依賴對外貿易的島國，如何
打破國際貿易保護主義而進行磋商。本身學習
經濟學，曾獲有新加坡大學經濟學一等榮譽學
位的吳作棟，在踏入政界之前，曾擔任過海皇
船務公司負責人的職位，對企業的經營、國際
商貿的操作經驗相當豐富，不像前任總理李光
耀出身律師，強調法律與法制。

　　鑒於北美與西歐經濟衰退迄未緩和復甦，
武藤外相遂表示：「目前全球有轉向貿易保護
主義的趨勢，日本與新加坡應維持向來密切的

互惠關係，共同消除這種不利的現象。」此點
當然也是吳作棟最關心的所在。他於十日稍晚
也與日相宮澤喜一就亞太地區的安全、關稅及
貿易總協定有關的烏拉圭回合的談判，對星、
日兩國的影響廣泛交換意見。總之，這是吳作
棟展露他經貿長才和專業知識的機會，俾走出
李光耀魅力的強光，而在國際舞台上獨樹一
幟。

　　就在吳作棟飛往日本的隔天，新加坡的元
老政治家、號稱內閣資政的李光耀也於一九九
三年五月十日搭機前往上海，參加一九八三年
起創辦的退休各國領袖之聚會。這個退休各國
首長俱樂部的「國際政治交流理事會」（Inter-
action Council），一九九三年的年會選擇上海
爲會址。與會的除李光耀之外，就是美國前總
統卡特和福特、德國的施密特、英國的卡拉罕
（可惜佘契爾夫人無法與會）、日本的福田糾
夫等。主要的是資本主義國家下台的政要之集
會，否則應該還要包括戈巴契夫、趙紫陽在內，
才談得上是環球性的元老政治家之集會。

　　就像歷屆集會（每年舉辦一次）一樣，這
些退休的各國領袖就現實的國際局勢進行磋

商，特別是關心世界和平、地區安全、經貿商業活動、生態失衡與環境保護問題等提出來研商，作成建議給各國當今的執政者參考。

　　毫無疑問，不管是吳作棟還是李光耀，他們最大的關懷，在經濟上固然是高唱自由貿易、開放市場的老調；但在區域安全方面，卻特別重視南中國海可能潛伏的危機。原因是包括中國、台灣、菲律賓、大馬、汶萊和越南在內的六個國家正為油藏與天然氣儲存豐富的南中國海之主權爭論不休。鑒於後冷戰時代的亞洲太平洋沿岸各國，不但沒有裁軍的跡象，彼此還進入軍備重整與競賽的危機遊戲裡。新加坡領導人最擔憂的是美俄勢力撤出後的東南亞，可能會成為世紀末區域戰火的引爆炸彈，乃至區域戰爭的火藥庫。

　　當然李光耀此次九日「私人訪問」中國的另一目的，在於趁熱打鐵，親自鼓吹新加坡商人到大陸的投資熱。他與五月六日便赴中國訪問的王鼎昌副總理在滬相會。王氏率領二十一名訪問團及為數將近百名的新加坡商人，訪問了蘇州。此次新加坡擬在蘇州建設一個方圓達六十平方公里的新市鎮，是新加坡在大陸投資

的大手筆之一。

由於安排辜汪會談順利成功，李光耀藉「私人」訪問之便，會晤中共領袖江澤民和李鵬，聽取他們對辜汪會談的看法，也接受中國領導人的面謝，對這位「兩岸三黨的資政」之聲望有增無減。接著吾人不難想像，再過一段時日，報上將會刊出李資政到台灣「渡假」的消息。

新加坡領導層的傾巢而出、雲遊天下，豈不令我們足不出門的總統、行政院長、外交部長羨煞!?

第三節　新加坡與東協

新加坡的國家安全繫於東南亞區域組織的「東南亞國家協約組織」。東南亞國家協約組織（簡稱東協，南洋各國則依其英文簡寫ASEAN音譯為亞細安、香港與大陸則簡稱為東盟）的六國外長，已於一九九三年七月廿三日至廿五日，在新加坡召開該年度的外長會議。這次會議的特色為首次安排一個晚宴，讓中國與俄羅斯的外長，以貴賓的身分，與東協

會員國（泰、菲、馬、星、印尼、汶萊）、東協
的對話國（美、日、韓、加、澳、紐、歐共體），
以及觀察國（巴布亞新幾尼亞、越南與寮國）
舉行非正式會談。

顯然，這個在一九六七年成立於曼谷的東
南亞反共的區域組織，這廿六年來面對世局的
劇烈變化，特別是進入後冷戰時代，東西對抗
消失、意識形態鬥爭減緩、權力真空浮現之際，
亟思重新調整其角色與地位，同時首次深刻體
會東南亞區域安全與穩定，對本地區變成全球
經濟發展最熱絡、最繁華地帶的影響。是故經
濟合作、區域安全、人權問題等等都成為此次
外長會議的主題。

在所有議題中以區域的安全問題，再度引
起東協六個會員國的關懷了。其原因為過去對
東協安全最大的威脅，無過於印度支那共黨國
家（特別是越南），在舊蘇聯與中國的撐腰援助
下，在東南亞非共國家進行煽風點火的顛覆、
侵略、騷擾。不過，當時有美國駐軍提供的安
全保護傘，尚能抵擋來自共黨國家的挑釁、擴
張。如今進入後冷戰時代，美蘇冷戰的解凍、
美俄友好關係的建立，加上美國本身經濟的衰

竭，使華盛頓自亞太地區邊緣撤軍的步伐加快，導致東南亞權力眞空的出現，這是引起東協諸國憂慮緊張的原因。

在美軍撤退聲中，前蘇聯遠東艦隊的主控權已落入俄羅斯手中。由於經改失敗、權力鬥爭方酣、種族衝突、地方自主意識抬頭、社會趨向兩極化，使葉爾辛無暇顧及外交與亞太霸權的爭奪。隨著俄艦自金蘭灣的撤出，也助長南中國海成爲東協幾個會員國，與越南、中國、台灣爲爭取海礁、群島、大陸棚的石油與天然氣開發權，特別是領土主權，而可能動武、引爆的火藥庫。

最重要的是中國已因開放改革成功，不僅成爲舉世經濟發展最快速的國度，近年間在國防科技方面取得驚人成就，本身在軍隊精簡化、武器現代化、戰備機動化等方面，也早已是亞太地區第一個軍事強權，足以塡補美、蘇（俄）撤軍下的空隙。

但傳統上，東協各國對中國頗爲疑懼，其中尤其是東協龍頭的印尼，至今仍堅信一九六五年九月卅日印尼共黨策劃的兵變，殺害六名雅加達高級將領的叛國陰謀，背後的主使者爲

北京。這一誤會隨著中印的復交已盡釋前嫌，但印尼主政者與部分大馬官員對北京的東南亞政策，仍持疑慮的態度。

此次，中國副總理兼外長錢其琛的與會，對促進北京與東協彼此的對話、瞭解有很大的幫助。在他抵達新加坡權充東協外長會談的「貴賓」之前所發表的談話，就強調通過對話來保持東南亞地區和平與穩定的重要性。特別是涉及區域的安全問題時，錢氏表示中國贊成與東協舉行多渠道、多層次、多種方式的對話。他認為亞太地區的特點是沒有嚴重對立的軍事集團，但是地區的矛盾、衝突、歷史遺留（譬如中共與馬共、印尼共產黨、菲共、泰共之關係）的問題仍待解決。

東協各國已逐漸放棄「中國對本地區是一大威脅」的看法，不過對北京擴建海軍、購置航空母艦仍感關切。對於東協這些成員國的疑慮，錢氏認為雙方藉國家領導人或高級官員的互訪可以增加瞭解。他不認為中國在軍備上的開銷比他國特別大，「不僅人均比例低、絕對值（總支出）也很低，不夠買很多的武器」。

事實上北京的外交界廣泛認為一九九三年

是中國外交的「東協年」。原因是七月廿日起中國全國人大常委會委員長喬石分別訪問印尼、大馬、新加坡、泰、菲。接著是錢其琛以副總理兼外長身分訪新加坡，並會晤東協各國外長。

在此之前，新加坡總理吳作棟、菲律賓總統羅慕斯、馬來西亞首相馬哈廸都在一九九三年中訪問了北京。此外，新加坡內閣資政李光輝、副總理王鼎昌在一九九三年內兩度訪問中國，這也包括泰國國王在內。汶萊的元首也在這一年赴大陸訪問。

十幾年前中國剛剛搞經改開放，與東協之貿易總額只有八億美元，一九九二年已高達八十五億。一九九三年頭四個月已達二十三億五千萬美元。中國與東協各國經濟互補性強，開展互利合作的領域廣濶，將來發展的潛在力巨大。看樣子，東協將採「北向政策」，而不只是像大馬一度模仿日本的「東望政策」了。

每年七月都是南洋濱海國家的政治熱季，也是外交舞台作秀的大好時機。原因是東協都利用赤道地帶暑氣漸消、驟雨出現的七月，召開這個區域組織的外長會議。

　　東協自一九六七年在曼谷召開首次成立大
會，至今已歷二十餘年。在東西對抗激烈、冷
戰兼熱戰（越戰、柬埔寨內戰、中越邊界與西
沙衝突）方酣的七○年代，這個既非軍事聯盟
也不是經濟統合的地區組織，並沒有發揮它集
體防衛、共同禦敵的作用，最多只提供成員國
政要定期的、事務性的、禮貌性的拜訪聚晤。
其原因是五個（後來增加了汶萊成為六個）成
員國，因為國力大小懸殊，經濟發展快慢不一，
主政者抱負、理想、才幹、治國重點完全不同，
因此，要結合為一個集團完全沒有可能，只有
紛紛托庇於美國保護傘，而對區域的穩定、和
平寄望於大國（美、蘇、中、日）之間的牽掣
制衡。這也是東協所以是一個鬆懈的區域性組
織或乾脆稱為區域性論壇的主因。

　　可是隨著冷戰的結束、東西對抗的緩和、
世界新秩序的浮現，東協已意識到局勢的重大
改變。過去托庇於美軍保護或列強彼此間的牽
制，已隨著美國長期經濟衰竭、國力逐漸衰弱，
而有自亞太撤軍的打算。加上俄國經改失敗、
政爭與種族衝突不斷，可謂自顧不暇，既不可
能在東南亞與美軍對峙，也不能支援越南來牽

制中國，自然要將其艦隊北撤。

在這種情形下，填補東南亞地區權力真空的列強，剩下中國、越南和日本。中國早於一九八八年便在西沙群島建設機場，最近也盛傳在南沙群島構築軍事基地，與向烏克蘭購買航空母艦。這雖遭北京外交部否認，但中國成為經濟強國之後，擴充軍事力量乃為意料中事。

過去越南被視為東南亞威脅的來源，也是東協力求防範的假想敵。柬埔寨內戰的拖長與惡化，一度是河內政權在幕後操控。後來越南傀儡的韓森政權和東協所支持的施漢努親王合作，雙方協力打擊紅吉蔑朴布集團，而終使柬埔寨的內戰之火逐漸撲滅，全國和平選舉在聯合國監督下順利展開，這便是越南與東協修好的契機。隨著越南經改如火如荼展開，以往其對外侵略擴張的兇相，目前已被披上友好的笑容。

越南與寮國終於在去年連同巴布亞新幾內亞成為東協會議的觀察國，它們也加入東南亞友好合作條約，贊成以和平方式解決地區爭端。顯然越南已失去了對抗與制衡中國的軍事力量，這多少造成東協領袖私底下的擔憂。因

爲南中國海的權力平衡，一向取決於美俄的對抗，現在期待中越的制衡之奢望落空了。

基本上日本不該被視爲東亞或東南亞的軍事霸權。不過由於美日商貿利益衝突、中國取代美蘇爲亞太的强權，有可能刺激日本建軍擴武，以防阻北京的稱霸。這也是造成東南亞地區權力失衡、群雄迭起、局勢趨向不穩的可能走向。這也是引起東協疑慮不安的理由。

更重要的原因，爲東南亞非共國家在八〇年代與九〇年代，正是經濟起飛大有所作爲的年代。其中除了新加坡躋身四條小龍之一以外，大馬和泰國也可能成爲東亞第五條與第六條小龍。換言之，世界的經濟重心業已東移亞太地區，而亞太的經濟中心也已南移東南亞。

就在這種新形勢下召開的東協第廿六屆外長會議，使一九九三年七月的新加坡彩色繽紛、喜氣洋洋。這次爲期兩天的外長會議，與其後召開的東協及七個夥伴國（美、加、日、韓、紐、歐共體），三個觀察國，以及中俄兩個貴賓國的對話晤談，形成了「十八方論壇」，可謂漪歟盛哉，一個寰球矚目的外交盛會。

這次外長會議重大的成就，首先在使東協

會員國同意設置區域安全論壇，排定在一九九
四年七月假曼谷召開的第廿七屆外長會議上，
將東南亞穩定、中立、和平、非核區的問題攤
開在會議桌上詳細討論。其次藉閉門會議把大
馬首相馬哈廸所倡議的東亞經濟核心論壇融合
在亞太經濟合作論壇裡，後面這個論壇乃為柯
林頓大力主張的，而卻遭大馬拒絕的。為了拉
住美國的大腿不放，使美國與東協的商貿緊張
關係紓緩，東協親美的成員國大力鼓吹各國應
該參加一九九三年十一月於西雅圖召開的十五
國亞太經濟高峯會。

　　此次外長年會不但藉對話磋商，把美、中、
俄、日、越等國拉在一起，共商安全、政治、
經貿、人權諸問題，而消除彼此疑慮和誤解，
還讓美國表態，將繼續履行維持地區安全的承
諾，也讓中國再度公開保證不稱霸的立場。由
是今後亞太地區政經戰略的新格局中，東協得
以軋一腳，而扮演舉足輕重的角色了。在東協
逐漸浮現其重要性之際，作為這一區域組織的
核心之新加坡，也成為東南亞長袖善舞的外交
強國了。

第五章
領導人李光耀說法

第一節　李光耀評西式民主

　　西洋的政治思想發軔於古希臘的政治觀、社會看法和倫理理念。從蘇格拉底、柏拉圖、亞里斯多德一脈相承，經由古羅馬、歷經中古世紀教父和士林哲學，而及於啓蒙運動，從而奠立了西洋立憲、民主、法治、人權爲主軸的政治制度和人本思想。因此，一提民主政治便奉歐美的政制爲主桌。彷彿除了歐美的自由民主(liboral democracy)之外，其餘的民主，包括「人民民主」(people's democracy)和「指導民主」(guideal democracy)，皆不足觀。這

種把歐美民主制度當做最進步、最值得模仿的政制來看待，是否正確無誤，實在值得東方人和第三世界的人民來加以檢討、加以反省。

　　自從一九九二年年底，李光耀在東京「朝日新聞創造廿一世紀論壇」上，發表他多年來對西式民主的批評以來，新加坡的學界和報界也不時有人附和以及反駁其觀點。對於一位深受西洋法律規範洗禮、吸收歐美政經社會和文化精髓，而又推崇中華與東方倫理精神、本身又有四十幾年執政經驗的新加坡政壇長青樹，他對民主政治的看法和省思，的確有其獨到之處，儘管歐美自由派學者和新聞工作者要非難他的說法。

　　李光耀首先指出美歐在赫爾辛基會談確立歐洲安全之後，便向蘇聯和東歐推銷西式民主和人權，最後終於導致蘇聯帝國的解體，也促成東歐自由化的落實。在食髓知味之後，美歐又聯手企圖把這套西式的民主政制，強行加在中國大陸、北韓和越南之上，期望亞洲共產主義的堡壘也被這套和平演變的策略所摧毀，甚至鼓勵日本藉官方援助計畫，迫使亞洲僅有的幾個共黨政權走上市場經濟、放棄武力生產與

擴張軍備的道路。

其實民主政治並沒有放諸四海而皆準的寰宇性效力(Universal Validity)。擁有一八四個會員的聯合國，其成員並非個個都是民主國家。其頒布世界人權宣言第二十條第三款所規定的政府之權威立基於人民的意志，人民的意志是透過秘密定期的普選來表達。這曾經被視為民主政制最起碼的要求與條件。但除了歐美日第一世界幾個國家符合這一條件之外，第二世界的共黨國家和第三世界的發展中新興國家，都離此要求甚遠。印尼不接受荷蘭以改善人權換取援助、中共不接受美國國會以平反天安門鎮壓事件而享有最優惠的商貿待遇，在在顯示西式的民主與人權觀念，難以受到第二與第三世界國家的認同贊可。

在近代全世界只有兩個國家擁有比較長久的民主政府，那是指英國和美國而言。英國自一二一五年大憲章訂立以來，直到一九一一年，世襲的貴族在下議院一直享有與平民代表同等的權力。女人的投票權遲到一九二八年才擁有。劍橋和牛津畢業生和生意人比常人多擁有一票之特權，也遲到一九四八年才取消。

　　美國雖然在一七七六年宣布獨立，但在一七八八年的憲法規定只有繳納財產稅的人才有權投票。此外對年齡、膚色、性別仍有差別的待遇。直到一九二〇年才准予婦女投票。對黑人文盲及其他差別規定，遲到一九六五年才取消。換言之，英國遲到一九四八年，美國遲到一九六五年才實施較爲完整的民主政制。法國也在大革命之後，經歷了兩個君主政體、五個共和政體，才落實平等、自由、博愛的理念。

　　因此，由從前殖民地解放出來新興國家，就是全力模仿英、美、法、荷、比、葡的憲法，也不能不因時、因地、因人而有所修改，最後都成爲踰淮之枳，畫虎不成反類犬了。

　　西方學者多主張民主政制的先決條件，在於擁有公民社會和公民文化，包括擁有知識、技能、工作穩定的中產階級，以及和而不同、揖讓而升、在競爭中不忘合作的人群。可是，把這些先決條件運用到亞洲的情境，便發現問題多多。以泰國爲例，爲數七、八百萬的曼谷人民，一度爲了反對軍人干政，走上街頭示威，可是鄉下五千萬人民卻對軍人提供的穩定秩序頗感滿意。因此，對泰國人而言，能夠爲人民

的溫飽而出力的政府，便是好政府。

　　李光耀因此指出：「一個國家首先必須要有經濟發展，民主才會隨之而來。除了幾個例外，民主並沒有爲新的發展中國家帶來好政府。民主並沒有導致經濟發展，是因爲政府並沒有建立經濟發展所需的穩定和紀律。什麼是好政府？這視人民的價值觀而定。亞洲人所重視的，未必就是美國人或歐洲人重視的。西方人所重視的是個人自由。」

　　總之，李光耀的價值觀要求建立一個誠實、有效率、能夠有效保護人民，讓所有的人在穩定與有秩序的社會中，追求良好的生活之政府。

第二節　李光耀析評政局

　　已退居新加坡政壇第二線的李光耀，現任內閣資政。他雖然久已不曾日理萬機，但仍居獅島權力核心，對繼任總理職位的吳作棟也不忘督促指引，而使政治觀察家把他的身分視同爲中國「最高領導人」的鄧小平。唯一不同於

鄧氏的是李光耀近年間常雲遊中國、中亞、西亞、南亞、越、日、菲、港等地，對各國提供經改、政改的建言，而引起讚賞、質疑，甚至爭論。

在一九九三年元月十八日接見路透社記者的訪談中，李光耀一方面談到他對其長子李顯龍癌症治理的看法，另一方面也涉及他對柯林頓擔任總統後亞洲政策的期待。

談及其現年四十餘歲的長子李顯龍目前的病情時，這位年已七十歲的新加坡最高領袖指出：其子已接受三輪的物理與藥物治療，為預定治療計畫之半，結果發現療效極佳。三處病變而生出的息肉經剖析後，已無癌細胞的滋生。不過醫師卻發現與淋巴腺癌有關的淋巴腫塊，有待進一步觀察與治理。李光耀認為這個療效令人欣喜鼓舞。

李顯龍是否能夠完全戰勝癌症病魔，而符合其老父多年培養的苦心，成為現任總理吳作棟的繼任人，目前似乎尚難斷言。但隨著一九九二年十二月十九日補選的勝利，吳作棟權勢大為增強，使得李光耀不得不交出人民行動黨黨秘書長的職位。吳氏身兼黨政首長職位，自

然不再感受李氏的掣肘。

　　很多政治分析家遂認為李光耀及其子嗣有退出新加坡政壇的可能，此點卻遭李氏否認。今年新加坡首次舉行民選總統，李光耀是否會投入選舉，成為第一位民選總統呢？事實證明為否。

　　李氏認為民選總統雖擁有政府部會首長任用同意權，以及對政府儲備金使用核可權，但其職務仍舊是消極的、監督性質的，不合他的口味。像他這樣對新加坡國家與政府人事與政局瞭如指掌的人，不愧是獅城的「福將」（mascot），也是這個蕞爾小島的「資料庫」（data bank），因此，不輕言退出政壇，而仍舊要扮演導航的角色。

　　李氏旋指出柯林頓政府不該在亞洲推銷民主與人權外交。假使新任美國總統仍執迷於美式的民主與人權之魅力，而強行推銷給中國和印尼這些人口眾多的亞洲古國，必然犯著一個「重大的錯誤」，因為「你無法在旦夕之間改變它們」。

　　他認為柯林頓所能做的是利用美國貿易和海外駐軍的優勢，來打開亞洲市場，並推銷美

國貨品給日益繁榮的東亞各國，最後導致太平
洋兩岸的共榮。

　　柯林頓必然會在政治與經濟兩者當中，選
擇何者優先。假使他選擇經濟優先，就不要把
涉及民主和人權的政治問題再挾進經濟裡頭，
而造成干擾混淆。「因為這種作法會打亂東亞
蓬勃的經濟成長。」

　　他進一步指稱：除了日本之外的東亞各
國，在未來十年間，其經濟成長率每年將在百
分之六至百分之八之間，比歐洲的增長快兩倍
半，也大大超過拉丁美洲各國的成長率。

　　因此，美國未來經濟的復甦必然是由與亞
洲通商的出口之改善得來的。儘管政治與經濟
不容截然分開，但此時大談人權、民主，對亞
洲各國沒有實利，反而引起當地政府反彈，而
間接損害美國的利益。

　　包括中國在內的亞洲國家，都期待在商務
方面以及軍事方面與美國打交道。這意味著東
亞各國願意讓渡經濟的益處給美國，幫助美國
早日脫出經濟的衰歇。在此情形下，東亞歡迎
美國擴大外銷，甚至貫徹三〇一法案，而排除
不公平的交易。但李氏對美國政府「管制的貿

易」(managed trade) 卻持批評的態度，因為它限制外國輸往美國貨物與勞務的數量，這種貿易的限制，對美國本身不利。

東亞地區也歡迎美軍的續駐，即使美軍的續駐僅屬象徵性的意義。過去在布希執政期間，亞洲各國無人贊成美軍對亞洲大陸的安危負起承諾的責任，如今柯林頓上台，當然也延續歷屆美國政府擺脫亞洲防務的職責。但像第七艦隊在亞太地區的巡邏，足以機動性脅阻任何侵略行為，對亞太地區的穩定卻有重大的貢獻。

「人們正在密切注視新上台的柯林頓，怎樣對付伊拉克狂人海珊的挑撥狂妄，看看柯林頓應付危機的魄力。」

李氏續指出，日本可以權充東亞其他國家的夥伴，但無法取代美國的地位，成為亞太穩定的支柱。至於企圖要把中國大陸「民主化」，是吃力不討好，也是天真的想法。他說：「你無法藉國會取消給予中國最惠國待遇，而改變擁有四千年的中國文明。原因很簡單，中國人將奮力反抗，拒購美製貨品，或在亞太、中東製造麻煩，售賣武器、挑起緊張，而使五角大

廈增加國防開銷。」

　　近年間，李光耀偏袒北京政府的言論，愈來愈明顯，這是值得台灣注意的。

第三節 李光耀論美國亞洲政策

　　英國在第二次世界大戰中，爲了對抗軸心國家的侵略擴張而耗盡國力。因此，在五十年代蘇伊士運河危機爆發後不久，決定將海外駐軍撤回本國。這個將蘇伊士之東撤軍的行動，標誌大英帝國殖民主義時代的結束，也是倫敦把施政重點從海外移向國內、從外交轉向內政的轉捩點，這無異爲數百年英國寰球霸權譜上休止符，是英倫三島與大英國協走向衰微的起始。

　　不幸歷史仍舊重演。美國在捲入韓戰與越戰兩場亞洲戰役失敗後，逐漸有從亞太邊緣撤退的打算。尤其是在蘇聯解體、印度支那內戰結束和平選舉大力推行之際，華府也面對國內經濟衰竭之壓力，不得不削減海外駐軍，關閉駐菲、日、韓部分基地，籌劃從亞太邊緣撤退。

　　美軍由亞洲撤退的訊息，可從主管亞太事務助理國務卿羅德的談話得到一些端倪。他最近宣布美國對亞洲國家多邊安全部署將採樂觀其成與彈性運用的策略。此外，華府也有意仿照歐洲安全與合作計畫之方式，促成亞洲各國召開類似的國際會議。美國最近與亞洲的對話，其話題避免涉及雙方軍事合作，而多方面談及美亞的經濟對決。凡此等等正顯示美國已將亞太的安全交給亞洲人自行承擔，而華府無意再一肩獨挑此一防務重擔。

　　美國在亞洲收起防衛傘，卸下世界警察的裝備，的確引起亞洲人的憂慮。像李光耀一九九三年五月中旬在上海訪問時，便率直指出：一旦美國自亞洲地區撤出，亞洲各國不會再把精力貫注於經濟發展之上。取代經濟發展的政府施政目標將變成軍事防務和安全問題。而亞洲各國之間，舊恨新仇都會再度浮現，亞洲未來的十年到二十年可能無法再享受過去的穩定、和平與繁榮。

　　李氏認為美國在未來十年與二十年間，不可能眼睜睜地看到東亞各國大力推展經濟建設，而它本身卻耗費大量國力在亞太地區權充

和平衛士。「他們一旦收拾行裝紛紛賦歸，那麼過去存在於日本與中國之間、日本與韓國之間的猜忌與敵意，存在於東協與中國之間的疑懼將會重現，從而把至今為止的正面成就棄而不顧，轉而把注意力移往國防與安全的問題之上，再玩零和輸贏的把戲。」

東亞惡性競賽的結果，將剩下兩個勢均力敵的超級強國：中國與日本。屆時兩強對抗的結果，不是合併為一，便是一方征服他方。不管結果是合併還是征服，「將形成一個歐、美無從抗衡的巨無霸（colossus）」。因此，美國的上策是應該繼續留守在西太平洋，與中國以及日本形成鼎立為三。這種三角關係，雖不如兩霸爭衡那般穩定，但卻能夠保障下一階段的穩定，至少遲到聯合國茁壯而成為世界新警察之後。聯合國的茁長強壯，有賴安理會的改組，使日本、德國都成為常務會員，擁有否決權。

在談及未來二十至二十五年後亞太可能的情勢時，李光耀認為，這一地區的穩定與成長端賴中國與日本的關係。這是因為在未來四分之一世紀之後，這兩個亞洲強國的經濟將有驚人的成就之緣故。鑒於很多日本人與台灣人都

勤勞工作，也曾經留學美國，因此，經濟一旦發展上去，人民莫不放眼世界胸懷天下，成爲愛好和平、崇尙大同思想的世界公民(cosmopolitan)。

李光耀指稱：「我們的確可以製造我們的前途。在歐美正陷於經濟衰退之際，要歐美人士作出積極和正面的思考，幾乎是強人之所難。可是對每年平均經濟成長率高達百分之六、七或八的亞洲人而言，這種展望未來、創造前程的想法與作法，卻是輕而易舉。」

「我們將會放慢脚步、放緩成長的速率。我們的百姓將開始享受他們多年來茹苦含辛所締造的果實，一如美國人之作爲，也一如歐洲人之作爲。我們不再是無法勸阻、無法制止的工作狂漢。我們將與歐美先進攜手，共造美好的世界。」

撇開李光耀對美軍可能從西太平洋撤退，所引發的憂慮與聯想不談，華府的確把注意力集中在美國本土的種種內政問題之上，諸如濫用藥物與毒品、城市崩壞、經濟競爭力的銳降等等。多年來美國軍方拒絕擔負掃毒、消毒的工作。現因毒品氾濫，需動用軍力來向毒品宣

戰，軍人只好承擔此一新職務。柯林頓政府進一步要軍方不可輕易解僱基地平民職員，其結果卻導致軍事開支無法撙節。

　　鑒於美國未來軍事開支逐漸收縮、國防總預決算受國會掣肘，則類似海灣戰爭的美國干預事件可能不再重演。自從美國獨立建國以來，幾世紀中只要內政發生問題，華府便不再踐履對外的承諾。看樣子美國國內的擾攘不安，終會促成美軍撤出亞太地區。

第四節　從老李的反西方情結談到他兩岸拉線的角色

　　退居新加坡政壇第二線、現職為內閣資政的李光耀，對北京政權情有獨鍾。他對中國首都被排除為公元二〇〇〇年奧林匹克舉辦場所一事，義憤填膺，居然公開譴責英美政府存心搗蛋，深懼中國經改成功威脅這批古老的資本主義國家之利益，是故以政治干涉體育，促成以雪梨取代北京的決議。李氏這種公然偏袒中共的說詞，並非他「老番癲」的左傾病之發作，而是他向來直言敢言批評西方社會的習性使

然。雖然出身英國貴族學校的劍橋大學，老李
早已看破飽受戰火蹂躪的英倫，在第二次世界
大戰結束後的國際政治上，是走向黃昏暮途的
「日已沒落」之帝國，所以在學生時代是反殖
民主義、反帝國主義的學生運動健將。返回馬
來半島南端的新加坡，名義上搞律師業，實質
上則為推翻殖民地統治，而進行政治鬥爭。

　　他在獅城最近發行的《李光耀四年政論集》
（由新加坡《聯合早報》發行，厚達六百四十
八頁）之出版訪談中，就重複他對英軍在第二
次大戰後期倉皇撤退，導致日本皇軍佔領新加
坡三年六個月之歷史事實痛加撻伐。他目擊戰
後英軍重返獅城那種銳氣全消的狼狽像，指出
英帝國的衰退情況。

　　近年間老李批評英美式的民主體制，不適
亞洲與其他第三世界發展中的國家學習模仿。
他尤其抨擊美國政府與國會動輒以人權問題來
非難中國、緬甸、印尼等國家，企圖把美國的
援外計畫與人權以及生態保育等問題掛鈎。他
指出美國社會的紊亂、暴動、販毒、私鎗、搶
劫、強姦、犯罪之嚴重失序，以及貧富懸殊、
個人自由幾近放縱的地步，因而感慨新大陸的

締創者的苦心孤詣不得落實。

　　老李甚至公然批評華府不顧國際條約、罔視國際公法、越境拘捕涉及販毒的巴拿馬前任總統與墨西哥的官吏，這一切顯示美國式的民主只是虛有其表，究其實際仍是霸道專橫。

　　李光耀所以敢用激烈的言詞來抨擊西方的社會與政制，固然與他學習西方政治人物直言敢言的留學經驗有關，更在展現他率直、無私的個性，與自覺爲正義化身的信念。當然在他執政三十一年間，備受西方新聞媒體的批評、指摘（譴責他實行威權式、家長式、獨裁式的統治，對反對黨與異議份子的壓制、迫害，對輿論與出版自由的打擊、限制等等），也是引起老李反彈的原因之一。

　　最主要的原因，在我看來，是西方泱泱大國的風範，容忍不同意見的發表、傳播之雅量，使得老李在縱情批評西方社會、經濟、政情和民風之際，不必担心報復，不必憂慮主政者的顏面，也不管民間輿論的反應。反過來，老李深知北京年老統治集團愛面子，講究利害得失的人際關係，因之努力的向中共輸誠示好。

　　更重要的則是後冷戰時代的東南亞，在美

俄分別撤軍，造成南中國海變成區域權力眞空
地帶之後，誰來塡補這一地帶的眞空，無疑地
影響彈丸小國新加坡未來的安危興衰。鑒於泰
國、馬來西亞與印尼正在籌劃「北方成長三角
區」，把大馬、印尼、新加坡的「南方成長三角
區」拋到腦後，新加坡面對強鄰的寰伺，也不
能不在加強東南亞協約國家組織（東協）的團
結之餘，加緊與中國之商貿、投資、外交、文
化、科技之關係。

　　毫無疑問，中國在跨世紀的東南亞有舉足
輕重的地位。過去對華人教育不甚重視，而再
三強調英文教育的重要之李光耀，近十多年來
一再倡導華語運動、儒化教育，以及強調中華
文化的傳統價值，在在顯示他實用主義、功利
主義的想法，是企圖擴大中國的經改，使北京
揚棄極權統治，也便利新加坡這個以華人爲主
流的移民社會，回饋原鄉，並開拓新加坡人海
外投資致富的空間。這眞是一石兩鳥、有百利
而無一害的如意算盤。

　　至於李光耀爲《經濟學人》預言公元二〇
四八年台灣會與大陸和平統一，也是在漠視台
灣兩千一百萬人的意志之下，所作欠缺任何思

慮與科學根據的一派胡言，台灣的學者對此已有嚴厲的批評。我的看法仍舊是老李選擇一個反彈較少、得利較大的議題來做文章。反正海峽兩邊的執政者都在高懸「一個中國」的大旗，大談「我們都是中國人」，那麼台灣學者的抗議，對老李而言又何懼哉？

作為北京與台北之間的傳言人，老李能夠贏得雙方領導人的信任，據其夫子自道乃為：「兩方面對我有禮和熱情。我相信我們能夠跟雙方保持友好，那是因為我們跟某一方接觸時，從來不曾對他們說出跟另一方接觸時，內容完全相反的話。如果是那樣，就會引起猜疑……我們也許會把談話的內容告訴另一方，也許不會，但我們不會向另一方撒謊。過了一段時間，他們就會得到結論說，我們對雙方是平等的，沒有耍花招」（引自新加坡《聯合早報》一九九三年九月十二日）。

李光耀會在李登輝與李鵬之間扮演怎樣的搭線角色，我們還有得瞧!?

第六章
新加坡的福利政策

第一節　重視國民健康

　　隨著經濟穩健成長，社會日趨繁榮，一個負責任、高瞻遠矚的政府，勢必在人民衣食住行民生問題妥善解決之餘，注重國民生活素質的抬高。吳作棟從一九九〇年十一月，從李光耀的手中接到新加坡領導權的棒子之後，便提出「新起點」（New Lap）的施政口號，期望在西元二〇〇〇年，把新加坡轉變成東南亞的瑞士，成為一個具有高度精緻優雅的文化之社會。

　　可是隨著商業的高度發展，獅城這個東南

亞人文薈萃的島國，也產生物質文明過度提升
之後的症候群。星洲島民罹患文明病的比率有
抬高之勢，而引起執政者的關懷和憂慮。

　　一九九三年元月底新加坡政府衛生部政務
部長（相當於台灣部會的次長）簡麗中博士（本
身爲香港人，二十餘年前與其夫婿黃朝翰博士
由加拿大和美國學成移居新加坡，即由大學講
師升到教授、到建屋局顧問，而今爲衛生部副
部長，顯示新加坡政府用人唯才、不計其出身
的顯例），在第一屆社區職業疾病醫師會議上，
透露了前一年新加坡全國健康抽樣調查的結
果。

　　此項調查在一九九二年九月至十一月之間
進行，調查對象爲新加坡主要族群（華、巫、
印和歐美白種人士）年紀在十八歲至六十九
歲，具有代表性的三千五百人。調查的結果顯
示，一般新加坡人的健康狀況良好，但患有糖
尿病的人，卻由一九八四年的百分之四點七，
遽增至一九九二年的百分之八點六，增多幾達
一倍，不能不令人震驚。

　　如衆所知，糖尿病是一種富貴病，若不加
治療會造成患者失明、斷肢、腎病、心臟病等

惡症。比起先進國家來，新加坡糖尿病罹患率
未免偏高。因為澳洲的罹患率才百分之三、英
國百分之二、美國百分之五到六，台灣百分之
六。

　　如果按照種族患糖尿病的比較來說，新加
坡的印度人特高（百分之十二點八），馬來人其
次（百分之九點三），華人居末位（百分之八）。
獅城華人罹病率雖只佔百分之八，但顯然比台
灣居民的百分之六仍嫌偏高。倒是住在毛利求
斯的華人患上糖尿病高達百分之十四，特別引
人注目。這與該地華人不喜運動、身體肥胖有
關。

　　在這次抽樣調查中，患糖尿病者知道自己
有毛病的才佔一半，這是因為患病初期的症狀
不明顯，所以很多人都不知道自己已生病了。

　　倒是患高血壓毛病的人，由一九八四年的
百分之十五點三，降到一九九二年百分之十三
點六。其中有四分之一的人是在調查中才發覺
有高血壓的問題，這種改善的趨勢有利於獅島
居民中風人數的減低。

　　與此相關的新加坡人體內膽固醇含量，也
從一九八四年每一百毫升的血液裡含有二二六

毫克的膽固醇，減低到一九九二年的二○七毫克。獅城居民體內膽固醇含量高的人數，也從一九八四年的百分之廿七，降到一九九二年的百分之十九。

簡博士認為，只要能推廣教育和宣傳，勸誡人民認識正確或適當的飲食之重要性，膽固醇的含量當會繼續下降。

在體重的控制方面，新加坡政府這幾年來已在學校和部隊中，大力展開抑制學生與官兵身體發胖的種種措施。這次抽樣檢查，發現百分之五的居民仍有肥胖的毛病，百分之廿一還有過重的問題。雖然十年來肥胖調查變化不大，但男性居民肥胖率卻由百分之二點七，增加到百分之三點四。其中印度族肥胖者居高（百分之十）、華人殿尾（百分之三）。在女性方面，也許因為馬來人愛吃椰漿煮成的食物，因此中年婦女胖嘟嘟的到處可見（佔百分之十七）、印度人其次（百分之十三）、華人婦女因重視苗條身段故而居後（百分之四）。

上述抽樣調查也表明，新加坡人吸煙的人數有上升的趨勢，儘管政府三令五申禁止在公共場所抽煙。目前抽煙人數高達百分之十八，

較一九九一年增加一個百分點。令人擔憂的是十八、九歲初次抽煙的人口（十八歲以下禁止吸煙），已由一九九一年百分之十二增加到百分之十五點二。年齡介於二十歲到廿九歲的吸煙者，也由百分之十五點八增加到百分之十九點四。

關於喝酒方面，調查報告顯示，超過三分之一的成人有喝酒的習慣。其中百分之七可視為定期或經常飲酒者。其中又以華人（百分之八）佔多數，印度人其次（百分之六），馬來人殿尾（百分之二）。此外，有百分之五的男性每週喝酒四、五次，屬於嗜酒者。

在身體運動方面，調查報告指出，有三分之一的獅島居民每星期至少運動一次，不過定期和作適當運動者佔全部居民的百分之十四。男性比女性愛好運動者多出一倍。

從以上的調查報告，我們不難知道新加坡政府如何重視全民健康的問題。經由全國每五年一次的調查報告，來發掘人民罹患毛病之所在。這也許是講求公共政策，特別是全民健康政策的台灣各級政府，所當效法之處。

除了對老百姓的健康問題關心之外，新加

坡政府近年來頗爲擔憂孩童過度肥胖的問題，
教育部已通令各級學校，特別是小學，強迫學
生多做體育與課外活動，注意學生飲食習慣。
此舉與衛生部每年公布的十大嚴重疾病，以及
一般國民膽固醇含量的測試，在在顯示新加坡
政府對其國民健康以及醫療方面的照顧。

　　由於新加坡政府實施公積金制度，因此一
般就業的男女勞動者、僱員，乃至權充僱主的
老闆，每月都要繳交一定數額的公積金，作爲
每人五十五歲（最近延長到六十歲）退休時，
可以整數領出的養老金。無論你任職公家或私
人機構，你與你的雇主都要同時繳出相當高比
例的金錢（最多時你本人與雇主各出每月薪資
的四分之一）權充金積金。政府就利用這個龐
大的基金從事房屋（國民住宅）的建設、道路
及其他基本設施的構築，近年甚至用於購買外
幣、海外投資的款項。換言之，政府一方面利
用公積金（有利息）強迫老百姓儲蓄，以爲退
休年老時的養老金、醫療費用，使個人晚境不
致淒涼貧困，另一方面利用全國龐大的財力從
事國家建設，可謂是一舉數得的利民政策。

　　在李光耀主政期間，因目睹英、澳、紐，

乃至美、加、西歐諸國，實施社會福利政策，
而拖垮了國家的財政，並養成人民好逸惡勞的
壞習慣，因此再三強調新加坡避免重蹈先進國
家的覆轍。他極力說明政府不是救濟署，對於
恤貧撫孤、救災賑濟的慈善行為興趣缺缺。連
對國際重大災情，新加坡的人道救助，都是象
徵性的一點點意思。基本上，失業金、遣散費
都由雇主負責發放，政府不加聞問。職業總會
是半官方組織，用以調解、仲裁雇主與員工的
職業衝突。在政府介入下，新加坡工會很少採
取罷工、怠工、示威、抗議等激烈的工業行動。

　　過去台、港、大陸都誤以為新加坡政府把
老百姓治理得乖順滿意，一定是在公權力申張
之外，採取社會福利政策的緣故。其實，新加
坡政府公然反對採用福利國主張。就算新加坡
成功的國宅政策，也不能視為福利政策的一
環，而是一個負責任、講究效率的政府所應盡
的職責。

　　一般而言，新加坡的教育制度自立國以來
一改再改，成為普通老百姓難以適從的頭痛問
題。這不僅涉及雙語學制取代單語學制的問
題，也包括從小學至中學文理分工提早決定的

問題。近年間更有所謂自主學校的出現，也即政府雖提供學校大部分的補助，但自主學校的校長有加收學費、自聘教師、引進新學科、設計新課程的權力。這些學制、學校之分歧林立，使百姓眼花撩亂，使家長與學生無從適當選擇，也是引發人民不滿之處。所幸吳作棟總理已採親民和便民的策略，當會把教育問題作合理的規畫與解決。

第二節　新加坡式的福利政策

很多人都誤會新加坡是一個福利國家，推行類似斯堪底那維亞半島北歐諸國，由搖籃到棺材一手由政府照顧的國家福利主義(State Welfarism)。其實，新加坡政府打從獨立的一九六五年開始至今，不管是李光耀掌權還是吳作棟執政，都大力抨擊這種濫用公款，導致國家財政困難、社會經濟衰竭、百姓安逸怠惰的全民福利政策。

遠的不用說，一九九三年八月九日為新加坡建國第廿八屆國慶紀念日，吳作棟總理在群

眾大會的演講中，還舉出荷蘭、紐西蘭、加拿
大諸國實施國家福利主義，而拖垮政府財政，
造成經濟不景氣的實例，來告誡新加坡人民，
千萬別期待政府變成大施主、大善士。

　　同樣的話，他又在同年九月十一日新加坡
公益金（The Community Chest）成立十週年
慈善募款的餐會上複述。他說：荷蘭有個福利
計畫，用來協助因工作意外而變成傷殘的人。
工人因勞動意外事故，而獲得的賠償薪資為其
工資的百分之七十。這項計畫實施之始，荷蘭
政府評估只有十五萬工人可領取此項福利津
貼，不料如今因工作事故而變成合法的「殘障
者」，居然膨脹到九十萬人，比該國在第二次世
界大戰中遭受戰禍受傷人數還多，足見國家福
利制度所造成的弊端。

　　吳氏又舉紐西蘭援助單親家庭的計畫這一
例子。此一計畫初辦之時的一九七六年，直接
受益的單親家庭只有四千六百個，到了一九九
一年，單親家庭居然膨脹到三萬九千個，造成
離婚率與私生子數目的高升。

　　鑒於其他實施全國福利制度的國家造成的
嚴重弊端，吳作棟強調新加坡式的福利政策是

建立在陰陽哲學的基礎上。一方面發揮新加坡人勤奮生產、力爭上游的陽剛勞動精神，俾使新加坡的經濟競爭力不遜於東亞另幾條小龍。甚至利用中國、越南、印度經改開放時刻，大搞商貿活動，達到賺錢致富的目的。他方面也發揮人性慈善悲憫的陰柔精神，協助窮苦無助的鄰人恢復自信自尊，過著常人的生活。他說，只有陰陽二氣相互調和，新加坡才不致被貪婪、無情、自私所主宰，也就不會是一個唯利是圖，只講求物質享受、金錢崇拜的社會。

　　吳作棟進一步指出，為了保住新加坡人現有的飯碗和維持目前的生活水準，生產力與競爭力的維持是不容稍懈。是故卓越的競爭力與豐沛的同情心必須平衡發展，以保陰陽二氣運行的順暢。

　　那麼何謂新加坡式的福利政策呢？其指導原則為何？吳作棟說，新加坡政府要貫徹四種指導原則：其一，抓住問題的根源，而非其表象。在幫忙不幸者之前，先搞清楚其貧困的癥結所在，不要盲目伸出援手。其二，提供防範性、前瞻性的服務。例如協助年老力衰的人士，就要讓他們保持身心靈敏、延緩老化過程、減

少體弱多病的老人人數。其三，協助不幸者有謀生能力，能夠自立自足，也即透過訓練、教育，使殘障者擁有一技之能，足以養家活口。其四，協助低收入者跳出貧困的陷阱，其方法爲鼓勵他們參加小家庭改善計畫，使其子女擺脫貧困、失學、失業的惡性循環漩渦。再則，透過小家庭計畫，使這類赤貧的家庭保持家庭成員數目的縮小，不致因兒女衆多、嗷嗷待哺，而更形貧困。

　　吳作棟指出，新加坡政府目前集中在下列四種不幸人士的援助之上；其一爲提供人數多達一萬七千名身體與心智有所缺陷的殘障者住宿、教育、訓練與工作的場所。其二爲除了有四千名年老生病的人士住進老人院之外，其餘乏人照顧的病弱老人，成爲政府與社會應加協助的對象。其三爲賑濟爲數多達兩萬個赤貧家庭。其四爲破碎家庭的子女與棄婦，因無一技之長，而無法自立自助。

　　顯然，新加坡政府並沒有設置救濟署或社會福利部等等拯困、撫孤、救貧、養老的機構來推行福利政策。反之，政府是通過資助慈善團體來協助不幸者解決其困窘。吳氏指出，推

行社會福利政策，不能單單以支出多少金錢來加以衡量，而應包括社會工作者與義工所付出的精力、時間和愛心。

新加坡成立了民間的全國福利理事會來推動福利工作。理事會轄四十四個慈善團體，每一團體自行向社會各界募款，政府再撥付相當於其募得之金額，協助各團體展開濟貧解困的工作。據全國福利理事會主席盧珠吉醫師的宣布，今年賑款為星幣二千四百四十萬元（合台幣約三億九千餘萬元），受益新加坡人民多達十三萬人，不到全國百分之五的總人口，但總算是聊勝於無。新加坡總算進入小康社會的階段了。

第七章
東亞式的民主與人權

第一節　東亞民主國家發展歷程

　　南韓兩金的龍虎鬥終於在一九九二年十二月塵埃落定，執政黨候選人的金泳三險勝反對黨黨魁的金大中，成爲下一任青瓦台的主人，也即大韓民國的下屆大統領，這是朝鮮半島四十年前鋒火連天、韓戰結束後實施美式民主的另一里程碑。

　　同樣，經過十天的「正式」選戰，參選爆炸下的第二屆立委選舉，也於一九九二年十二月十九日的投票揭曉後，使代表台澎金馬的二千萬人民之利益與意識的國會新血，進入嶄新

的國會中，從而使兩黨政治由理論進入實踐階段。這是民主政治在台灣落實的第一步。

　　自一九五九年便統治獅城至今三十三年的人民行動黨，在過去李光耀家長式的一黨獨裁下，雖然打擊左派囂張、阻止種族騷動、奠定工業化與現代化基礎、實施住者有其屋、保障工商利益等政策，而使新加坡躋入東亞四條小龍行列，但其威權統治，也受到新一代選民的反彈。一九八四年新加坡大選中，人民便以選票宣洩他們對一黨獨大的不滿。此舉雖不足動搖人民行動黨執政的根基，卻導致新一代領導人更新求變的意願。一九九〇年吳作棟繼李光耀上台擔任總理職位後，遂倡導開放而親民的政策，使新加坡的民主政治走上康莊大道。

　　以上南韓、台灣、新加坡這三個東亞新興工業國都是從殖民地的枷鎖脫綁、從戰火洗劫中騰飛出來的鳳凰，也是歐、美、日所謂典型的資本主義國家之外，湧現的「新民主」體制（New Democracies）。

　　相對於歐美擁有數百年人權、自由、法治和民主傳統的先進國家而言，東亞這三個新民主國家的出現，毋寧是第二次世界大戰結束以

後，人類政治發展史上的奇葩。這三個新民主
國家的出現，在很大的程度上，可以說是美蘇
冷戰的產品，也是蘇聯、中共與美國所形成的
東西集團對抗下，東方倒向資本主義與市場經
濟，而在經濟發展策略上，取得意外成功的範
例。

　　嚴格說，南韓、台灣和新加坡這三個深受
中國儒道文化影響的社會，本質上並無人民當
家作主的思想根源與實踐經驗。民主對它們而
言，毋寧是該三個社會之領導精英，由歐美輸
入，由上向下灌輸開導的舶來品。除了台灣與
南韓還受到反對黨與異議分子的大力宣傳推動
外，新加坡的民主運動幾乎是執政黨領導層的
自我節制和「恩賜」。

　　韓、台、星這三個國家，由威權政府走向
自由民主的過程，可謂歷經艱辛險阻，也充滿
血淚暴力。有異於歐美民主國家的傳統，先爭
取人民當家作主、然後才申張民權、最後爭取
社會公平這一序列，東亞新興的三個民主國家
卻有不同的發展程序：先爭取的是社會的公平
（包括工作與住宅的經濟利益之平等），然後
才關心民權（特別是參政權、言論集社的自由

權），最後才是人民當家作主的主權落實。

　　蓋洛普民意調查機構曾對歐美先進工業國家進行民意測驗。它提出兩個問題，第一、自由與平等何者較為重要？第二、政府的職責在於減縮人民收入的差距嗎？結果發現美國受測者，對第一個問題的回答重視自由佔百分之七十二，重視平等佔百分之二十，在英國為百分之六十九比百分之二十三，在法國為百分之五十四比百分之三十二，但在日本則為百分之三十七比百分之三十二，在西班牙則為百分之三十六比百分之三十九，由此可以看出，工業愈發達的國家，愈主張自由比平等更為重要。

　　在回答第二個問題中，贊成政府干涉，也即減縮人民收入差距的國家之受試比例為義大利百分之八十一、荷蘭百分之六十四、英國百分之六十三、澳洲百分之四十二和美國百分之二十八。由此可見，義、英、荷等資本主義最先開始的歐洲古老國家，仍視政府有義務致力國民所得的公平分配。反之，澳、美等後起資本主義新秀，則不認為國家對人民的所得分配有干涉的大權。

　　儘管有上述蓋洛普民意測試的結果，如果

我們注視歐、美、澳這些所謂的先進民主國家時，仍不難理解它們走上民主的大道，是經由啓蒙運動發現個人的價值，由爭取人權、民權、參政權、自由權開始，再向君主、貴族、僧侶（教會）抗爭中贏取政權，建立現代民主政制之後，才繼續擴大民權（婦女參政權、種族平等權），最後才開始改善人民經濟生活，力求國民收入趨向平等，而體現社會公平。

反之，東亞新興的三個新民主國家，卻是在強人獨裁、一黨專政與威權統治下，藉由經濟發展，而進行社會財富的再分配。由於社會財富的重新分配，使中產階級形成，參政意願高升，而迫使威權政府鬆綁，從而承認與讓渡民權。人民在掃除貧困之餘，自尊恢復與自信增強，對改革時弊的期待日形增強，而形成民權高漲和參與型的政治文化。

隨著新興社會經濟富裕、民智大開，公民的開放與參與的需求，乃迫使壟斷政權的執政黨放下鴨霸身段，打開政權獨佔的窄門，於是反對黨乃有發展空間，輪流執政和制衡的可能性因之大增。於是東亞這三個小國便邁向民主成熟的路程了。

第二節　東西方對民主、人權、自由看法的不同

　　近年間亞洲幾個新興國家的領袖都紛紛批評西方民主政治的體制和理念。其中早期的李光耀因爲參與馬來西亞脫離英國殖民統治，俾獨立建國，而展開對抗大英帝國主義的鬥爭，因之大肆抨擊英國的霸道之外，近年來對英美民主制度核心的人權和自由問題，也提出他不同的看法。這固然與他過去數十年間家長式的治理新加坡取得國際的讚賞有關，也是基於他對西方資本主義國家經濟衰退、社會擾攘、民風墮落的省思。總之，他不認爲第三世界新興的國家，有東施效顰完全師法西式自由民主的必要。

　　換言之，李光耀認爲在今日寰球一百八十多個主權國家中，推行英美式以個人自由、自主、放任發展爲主軸的法治國家實在屈指可數，不過是一、二十個歐美、日本、澳、紐等國家而已。其餘絕大多數世上的國家之政府，仍掙扎在創業、救貧、治安、教育、維持國民

免於飢餓凍斃的基本任務之上。對這些國家的百姓而言，如何贏取生存權、勞動權，比什麼言論自由權、政治參與權還重要。因之硬把西方人權和自由的價值觀套放在東方人的脖子上，是兩、三百年來西方政治宰制、經濟剝削、文化滲透的帝國主義和殖民政策的延長。

也許是受著李光耀對西式古典民主體制及其理念的批評之影響，新加坡的政治學界（像陳慶珠、柯受田、Bilveer Singh等教授）、新聞界、輿論界這半年多來，也在報上及電視廣播中抨擊西方跡近放任的自由與人權觀點，認為這些英美人的價值觀，對力求社會穩健發展、經濟步上起飛階段、社群謀求和諧相處的東方國家而言並非福音，也不是無條件接受效尤的對象。

曾任新加坡駐美大使與派駐聯合國代表團首席，現任外交部副秘書長的祈秀·馬布巴尼（Kishore Mahbubani），在一九九三年三月亞洲學會主辦的「美亞對資本主義和民主的看法」討論會上，就提出他對人權和新聞自由的亞洲人觀點。作為新加坡少數民族印裔的這名傑出外交新秀，其言論雖標明是個人，而非代表新

加坡政府官方的立場，但在字裡行間仍透露新
興國家的菁英，那種擺脫英美思考模式、企圖
闡發李光耀意念的蛛絲馬跡。

　　馬布巴尼認為從新德里到馬尼拉，到東
京，仍舊有不少的亞洲知識份子在謳歌西方的
先進物質文明，力求徹底西化，包括把西方放
任個人自由的那套民主制度照搬照抄移植來亞
洲土壤之上。其實要談自由民主的問題，不能
不注意以下幾個原則；其一為相互尊重原則：
其二為經濟發展和改善的問題；其三為與現存
政府或政權協作推動改革的原則；其四為文明
行為起碼法則如何建立的問題；其五為新聞自
由標準取捨的問題。

　　談到相互尊重的原則，西方殖民心態迄未
徹底矯正。英美認為保護個人的權利自由大於
社會的治安，必要時浪費公帑、廢時曠日來替
犯罪者辯解開脫。反之，東方政府為打擊吸毒
犯罪而採取的嚴刑竣罰和速審速決，常被西方
譏為侵犯人權、違逆人性尊嚴。其實這兩種不
同的作法，在法律上或道義上並沒有優劣之
分，東方與西方應站在平等的立場，虛心檢討
各自的制度，而非堅持本位主義。

今日全世界仍有四十三億的人口生活在貧窮或物質匱乏中。協助這三分之二的寰球人口脫離貧困，才是消滅人類爭執衝突的禍源。要之，經濟發展而非共產革命成為解放貧困的不二法門。西方為防阻中國變成毛澤東式的極權政府，就應大力支持鄧小平的開放改革。柯林頓政府如有心促成中國民權發展，必須首先協助中國經濟搞好。可是中國或第三世界經濟一旦發展，對北美、西歐和東亞的資本主義國家在短期間未必是一件好事（至少得被迫放棄對本國農業生產的大量的補助，引起農民反抗不滿）。

多年來西方政府與媒體不斷撻伐第三世界極權的、獨裁的、軍事的政府。殊不知這些不民主的政府之存在，卻是減少戰亂動盪的次要或必須之惡。美國人以為把腐敗無能的政權推倒，那些新興國家馬上便進入民主佳境。艾奎諾夫人取代馬可仕擔任六年的菲律賓總統，並沒有把菲律賓從經濟崩壞、人民貧窮、社會暴亂中徹底改革振興起來，這說明東亞根深柢固的社會墮性，不是一兩個主政領袖的易位，便可輕易解決的。西方應大力支援致力經改的亞

洲政府，不管它是共黨的、軍人的或民選的政府。

　　西方民權運動者的激烈主張，像同性戀、廢除死刑、色情活動之鬆禁，在個人自由高度發展的歐美，或無可厚非，但與物質富裕無緣，或只有沾邊的東方社會而言，則是導致社會紊亂敗德傷俗的禁忌。

　　歐美的媒體常自設新聞自由的標準，來要求世界其餘國度與其趨同，這也是引起東西輿論界、公共事務界爭論的焦點。原則上新聞自由是一個正面的、受肯定的價值。但每個社會有其特殊的情況與特徵，因之，新聞自由也應該由各該社會自定標準決定如何拿捏。就長期來看，優勝劣敗適者生存，擁有《紐約日報》和《華盛頓郵報》的社會必然擊敗控制住《眞理報》與《消息報》的社會。西方媒體不必爲東方新聞自由的緩慢成長擔心。

第三節　亞洲新人權觀的浮現

　　一九九三年五月在曼谷召開的有關人權的

區域會議，是爲同年六月聯合國主辦的維也納
世界人權會議的預備性會談。在這個會議上，
亞洲人對人權的看法與詮釋逐漸形成共識，浮
出抬面，準備與西方傳統的人權觀大別苗頭，
獨樹一幟。

　　無可否認的事實，至今爲止的環球人權標
準，一向是唯西方之馬首是瞻，完全反映了西
方列強的政治、經濟、社會和文化的價值觀。
因之，不要說第三世界新興國家重視國家統
一、民族融合、經濟發展的經濟及發展權勝過
個人的民權與參政權，不爲重視個體發展的西
方所認可，就是業已解體或走向資本主義市場
經濟的第二世界諸國，其所持集體利益大於個
體利益，以及國家的穩定勝於個人的自由，也
一直受到西方激烈的批評與抨擊。

　　在曼谷的開幕演說中，泰國首相乃川固然
強調普及人權爲各國的政府與人民共同追求的
目標，但要實現聯合國「世界人權宣言」的理
想，「仍須進一步的努力，促進經濟合作、民主
化及維持社會正義」。而在這一方面他主張「發
展亞洲各民族、各國家的權利，正如同發展世
界其他地區的人權同等重要」。

　　這種強調民族或國家的發展權利，爲向來
工商發達、經濟繁榮、民生樂利的西方列強所
忽視，原因是它們只注重個別人民的自由、權
利、利益的保障與促進，而很少留意整個社會、
整個民族、乃至整個國家的存在與發展。因此，
「世界人權宣言」並未將發展權列入，如今卻
成爲亞洲、非洲、拉丁美洲區域分別召開的人
權會議上的主題，要求當年六月假維也納召開
的聯合國全球人權問題大會上，能夠把發展權
提出討論，並作成決定，列入人權文獻中。

　　其實聯合國早在六〇年代，便通過兩項人
權有關的新條款，承認人民的基本權利與參政
的權利之外，尚擁有經濟、社會和文化權。但
在受到西方列強挾持與主控的情形下，聯合
國，特別是美、英的人權組織只注重個人權利
的維護，也即只重視民權與參政權，而忽略了
民族的經濟、社會和文化的權利。其中顯明例
子爲美國國務院所發表年度全球狀況的報告，
只提及民權與參政權（包括對待「良心犯」處
置的情形），而沒有涵蓋其他的權利。

　　由於近年間西方列強對東南亞各國的經
援、貸款、投資等商貿合作常附帶所謂的人權

條款，以及受西方政府影響的媒體與輿論界，大力抨擊緬甸、印尼、大馬、新加坡等國對人權與自由的侵犯，而引起了這些國家強烈的反應。這也是近年間新加坡政府領導人，諸如李光耀、楊榮文（文化部部長）大力反彈西方民主制度與理念偏差、短視的原因。

東南亞諸國反彈的主要對象為美國政府，特別是搞「人權外交」的國務院。為此主管亞太事務的助理國務卿羅德，不得不在一九九三年五月十六日的汶萊首都詩里巴喀灣發言，指出美國政府在與東南亞協約組織六個成員國（泰、菲、馬、星、汶萊與印尼）進行安全防務、經貿合作、科技交流之外，也將與東協諸國討論人權的問題。由是一九九三年五月廿日與廿一日兩天假獅城舉行的國際會議中，人權問題將與區域安全問題首次掛鈎，而成為大會上的議題。

東協諸國近年間便反對美歐將經援與人權問題扯為一談，更反對西方諸強國把他們的民主、自由、人權、社會正義觀硬套在亞洲各國政府的脖子上。泰、馬、星和印尼諸國更反對附和西方輿論，而避免譴責中國與緬甸的踐蹋

人權。認爲阻擋中國與緬甸陷於動亂，對整個
亞洲的穩定與世界的和平有助。以李光耀爲首
的東南亞領袖(包括馬哈迪首相和蘇哈托總統)
都堅持穩定中的經改，而非示威抗議遊行等社
會反抗運動，更能改善百姓的生活。對他們而
言，國家的生存權、發展權大於個別公民的言
論表達權。

　　新加坡東南亞研究所所長陳慶珠敎授，在
一九九二年初發表的一篇文章，指出中國與亞
洲四條小龍的經濟表現舉世稱羨。除了中國之
外，四條小龍都是推行民主，其中台、韓、星
的政府曾被目爲「軟性的權威體制」(soft auth-
oritarlanism)。這三個國家的民主雖不同於傳
統西方的議會民主，而可以逕稱爲「東亞式的
民主」，卻締造社會的繁榮。也即首先發展經
濟、創造財富、分享資源；其次調整社會分配、
掃除貧窮、抬高人性尊嚴與權利；最後把社會
發展爲多元而積極參與和關懷「共同體」(com-
munity)。這種能夠把西方科技與經濟手段，結
合亞洲各國傳統文化價值的亞洲式民主、人權
與社會公平的體制，應是世界其他地區或國度
效法的對象。謂之亞洲式的民主觀、人權觀有

何不宜？

第四節　世界人權大會與亞洲民主

　　二十幾年來規模最大的一次全球性人權大會，在一九九三年六月十四日假維也納召開，主催的不是任何列強或小國，而是聯合國。這次世界人權大會的主題雖是在保障遭受戰火蹂躪的幾個爆發內戰的國家，像南斯拉夫的波士尼亞、非洲的索馬利亞、俄羅斯幾個少數民族爭取分離獨立的地區等，但東西世界，特別是貧富國家對人權觀念與保障作法的爭論，必然也成為此次大型集會爭論的焦點。

　　儘管主辦單位的聯合國，無意像國際特赦組織一樣，對個別國家的人權概況提出報告、加以檢討，卻期待藉此次大會凝集共識，重建聯合國保護基本人權的自由平等之措施。歐美國家甚至指望這次會議能夠產生一個最高人權專員公署，進行國際間迫害人權的調查工作。但這項計畫顯然會遭受第三世界國家的頑抗。蓋這項委員會如真正成立，發展中的國家又要

多一項遭受外力干涉其內政的機構之困擾。因此，這項構想要讓與會的一百八十多個會員國代表團的贊可，自然會碰到不少的阻力。

以美國國務卿克里斯多福為首的歐美資本主義國家，正在大力阻止第三世界國家，對人權採用西方進步的工業社會之標準所衍生的不滿。事實上，西方的人權觀念完全建立在西洋從英國大憲章肇始，「光榮革命」（西元一六八八年）、美國的獨立戰爭（一七七六）和法國的大革命（一七八九）以來幾百年的自由主義兼西式民主之傳統上。這些號稱先進的自由民主國家(liberal democracies)，固然以穩定的政制、健全的法治，來保障公民發展其個別能力，達到自由競爭、追求快樂的目標，但對弱勢族群的婦女、殘障、無工作能力者，特別是少數民族，仍未善盡其保護照顧的責任。這是何以最講究人權、民權的歐美，仍舊充滿種族與性別歧視，乃至衝突的主因。

為此，作為第三世界現代化成功的典例之新加坡、馬來西亞，甚至改革開放漸收實效的中國、越南，近年間對美、歐、日等資本主義國家動輒以人權問題來批評，甚至干涉前者之

內政，反應愈趨激烈、反彈日益強勁。這在在
顯示人權問題不再是西方的禁臠、歐美的壟斷
事物。要之，發展中國家經常強調整個國族的
生存權大於國內個別人物的自由權、參政權。
西方這種過份放縱個人主義，而致危害社會與
國家整體發展的思想與行為模式，應該受到糾
正、反駁。

　　換言之，人權問題的浮現，應與每一個國
家的政經社會文化的發展合併考慮，特別是涉
及政治制度、法律制度、經濟與社會制度是否
建立在民主的基礎上，更是人權能否伸張、能
否落實的基本。但一談到民主的概念，東西觀
點的分歧、南北看法的迴異，又是引發一大堆
的爭議。

　　譬如說西方視東亞式的民主為一種「軟性
的威權主義」（soft authoritarianism），或是
一種父權的、家長式的統治方式（patri-
archy），亦即一種開明專權或開明獨裁的政
府。但站在東亞的立場，這種建立在傳統文化，
特別是受儒家精神薰陶的文化，所形成的新式
民主，更能體現群體的和諧安樂，更能使「政
治與社會秩序彰顯的和平環境」，變成了個人

落實其權利之場域（以上為一九九三年五月假曼谷召開、四十九個亞洲國家參與的人權會議之主張）。

誠如美籍日裔學者福山(Francis Fukuyama)在其所著暢銷書《歷史的終結與最後之人》(*The End of History and the Last Man*)，提及他對亞洲人所抱持的民主觀之贊可，可知經濟力量急遽浮升的亞太國家，自有其人權、福祉的特別看法。福山說：「在共產主義崩潰後，我們掃視寰球的意識形態，發現足以與西方自由的民主相抗衡的並非回教的原教旨主義，而是存在於日本、新加坡與鄰近幾國的軟性威權主義，這些國家的經濟正蓬勃發展。」

這些受儒家思想薰陶的國度，社會規範講究的是敬老尊賢、奉公守法，而非個人的權利。以這種傳統倫理為立國精神，而引用西方的科技、管理辦法和市場經濟，使得一黨獨大的日本、南韓、台灣、新加坡這幾十年成為舉世欽羨的經濟大國。

相對的，美國式的民主，一度講究個人主義，使個人的幸福追求發展到高峰，個人從自

助自靠變成自恣自毀，此可由美式政治的隨性、享樂、縱情、興訟、酗酒、服毒、犯罪等新的「美國生活方式」得知。

要之，硬把西方人權和自由的價值觀套放在亞洲人的脖子上，是兩、三百年來西洋政治稱霸、經濟剝削、文化宰制的延長。東亞新民主觀念正是對西方自由民主的最新挑戰與較佳回應。

第五節　李光耀的中台情結

擔任新加坡內閣資政高職的李光耀，於一九九五年八月下旬陪伴該國總統王鼎昌訪問中國，主要在視察新加坡朝野合力營建的蘇州新加坡城區發展的狀況。近年來不少新加坡發展商到中國建造社區與高樓大廈，然後再轉售給星國民眾，造成在中國購屋的熱潮。

但是隨著中國經濟發展過熱，通貨膨脹以驚人的速度飛騰之後，北京採取宏觀調控的手法，收緊銀根、壓低貸款，加上年來旱澇災情襲擊江

南、遼東、廣東等地，造成房屋興建停擺，很多
廠房、大廈、社區的興建工地陷入停頓或半停頓
狀態。各種預期交屋契約無法簽訂、履行，引起
新加坡購屋者的恐慌。於是新加坡電視台遂播放
「美夢成夢魘」的節目，警告新加坡人不可輕易
在大陸購屋。

1.李光耀免不了替李登輝緩頰幾句

　　王鼎昌和李光耀此番訪問大陸，是不是替星
國購屋者討回公道，還是與中國領導人商討越南
加入東協事，不得而知。而近日間台灣的媒體界
卻在大炒李光耀權充台北的特使，進行疏解中台
緊張爭吵的新聞。

　　當然，李光耀不論有無接受台北當局的囑
託，去擔任排難解紛的斡旋工作，他替李登輝緩
頰幾句，大概是此番北京之行少不了的議題之
一。那麼李光耀對最近台灣海峽的緊張關係持什
麼樣的態度？有什麼新鮮的看法呢？

　　剛好八月十二日，他以新加坡丹絨巴噶選區
的國會議員身份，在世貿中心發表一場三十分鐘

的演講。其內容除了涉及對寰球世局新態勢作出析評之外，兼涉及中美日三角關係、新加坡如何不屈服於西方媒體與人權組織壓力之下，謀求小國獨立自主之道。

但這篇演講卻也談到他對北京與台北近一個多月來關係惡化的看法。李氏首先指出東亞最近情勢緊繃的地區不在東北亞的朝鮮半島，也不在南海的南沙群島，而竟發生在台灣海峽。他認為台海成為最近中台衝突一觸即發的揮發地帶。

由於中國宣布試放導彈，竟使台北股市一日之間滑落了百分之四點半，這未免顯示台灣股票族的「過度反應」。依他的看法，中共試放飛彈來恐嚇台灣，只是製造緊張關係的初步。看樣子台海雙方緊張狀態可能會拖延一段長時期，儘管雙方不致採取激烈的對抗方式。

李氏指出中台之間的仇怨與敵峙，源之於中國的內戰。至今中國一再聲稱對台灣擁有主權，而幾年前才放棄對大陸擁有統治權的台灣，也自稱是中國的構成部分，又號稱中華民國。

由於台灣兩岸的政權都主張一個中國，因此

李氏不認爲此番的爭執是國際間的衝突，而勿寧
看做是中國內戰的延長。

　　可是李氏警告兩岸領導人，台海的緊張、乃
至衝突雖是中國內部的事務，卻會產生國際的效
應。北京與台北的執政者，如果不善自制而引爆
戰火，則會造成國際經濟與國際政治的後果，這
對雙方都極不利。

　　就算雙方不發生武力對抗，但長期的對峙和
冷戰，也會給兩岸的經濟發展帶來嚴重的傷害。
李氏指出：台海目前的情勢十分險惡，雙方想要
恢復今年六月以前的和平相處，恐怕非常困難。

　　談到新加坡與台灣的關係，李氏聲稱這是由
來已久的歷史事實，可以追溯到國府當局尚滯留
大陸的時期。新加坡珍惜與台灣這份情誼，必須
在此番中台抗爭中，保持適當的立場。在一九九
〇年新加坡與中國建交時，就表明接受一個中國
的政策，把台灣當成中國的一部分看待。

　　新加坡這個中國政策，早在一九七一年中國
申請進入聯合國以取代國府席位時，就釐訂清楚
的。當時新加坡支持中國進入聯合國，但始終維

持與台灣「緊密的友誼」，儘管星國也要發展與中國「良好的關係」。

對於台海目前的危機，李光耀抱持樂觀的態度。原因是他相信北京的領導層不會動武，也會儘量避免動武。他也認為台北當局懂得拿捏分寸，避免激怒中共，而使局勢失控。

2.美絕對不樂見台海烽火再起

李氏又指出他所以對台海危機不抱悲觀的另一個原因，乃為美國的角色。美國絕對不樂意見到台海烽火再起，造成區域的失衡，也導致美國進退失據的窘境。

從上面的談話，可以看出新加坡元老政治家李光耀，期待台海雙岸的領導人以理性和睿智排除激情，共謀地區的和平、穩定和繁榮。看來在這場台海雙方的角力賽熱烈演出之際，可以擔任調人與裁判的捨李光耀之外，恐怕不易找到其他人了！

結　論
新加坡有什麼
令人值得學習之處？

　　近年間海峽兩岸的官員、媒體採訪者、學術界人士、乃至一般百姓，紛紛前往新加坡考察、學習、旅遊，把南洋這個以華人為主的島國搞成一個熱烘烘的樣版模範。不錯，就環境的整潔、街道的寬敞、交通的井然有序、綠地的刻意保留、花草的修剪完美而言，這個號稱亞洲花園城市的獅島，無異為南海熱帶林中的一朵奇葩。就像新加坡的國花胡姬花（Orchid）一樣，它是在海灘椰林下，迎向赤道陽光奪目眩耀的蘭花。新加坡花草樹木之美，可以由機場直通市區的快捷公路之中央與路旁的花環錦簇，來展示給初抵獅城的旅客一個意外的驚喜、一個震撼的印象！

　　很多人誤以為一個威權政府嚴刑峻罰下，

馬路上一定有不少穿制服的警察、義警或便衣
在執行職務。剛好相反，除了上下班時間，重
要衢道偶或出現交通警察或女警之外，再也看
不見任何公權力的象徵。於是你不免驚問新加
坡公權力是靠什麼工具來發揮其作用？難道老
百姓這種認眞遵守交通秩序與守法的精神是靠
統治者的以身作則與三申五令就可以辦到嗎？

　　換言之，要向新加坡學習，只學習這個花
園城市的外表整潔與政府的硬體措施──國
宅、道路、蓄水池、焚化爐、新市區的建築──便
夠了嗎？還是要深一層去學習新加坡領導層的
高瞻遠矚、其官吏的奉公服務、其百姓的愛國
守法呢？也即獅城軟體建設的成就呢？

　　顯然，短期的旅遊、考察、學習，只能捕
捉新加坡的外貌，而無法掌握這個南國的內心
與靈魂。

　　獅城的心魂表現在政府與人民對於這個島
國的熱愛、對於國家前途的充滿希望。面對廣
義的馬來世界（包括大馬與印尼），新加坡這個
蕞爾小國要存在、要獨立、要發展、要繁榮，
就必須多付出代價：爲政者必須隨時注意鄰國
的動向、區域的安全、列強的抗衡、寰球的走

勢、歷史的歸趨；而老百姓則必須加倍努力，把一個面積有限、資源缺乏、人口稠密的彈丸之地，透過勞力、智力的開發營造，轉化為國際的工商輻輳、交通樞紐、金融中心。

儘管新加坡與其鄰國的大馬和印尼維持良好的外交關係，但為了防範不測，獅城的武裝與軍備不斷地擴充與更新，有如採取永久中立政策的瑞士，以武力防衛為其立國護國的後盾。因此，在國防上新加坡作到自給自足，甚至有武器外售的地步。在經貿方面，近年來推動新加坡、巴丹島（在印尼）與柔佛州（在馬來西亞）的「金三角」工業發展計畫，目的在使三國透過投資、開發、商務而緊密合作。

最重要的是新加坡領導人從李光耀、吳作棟、李顯龍、楊榮文等以次，都有跨世紀的遠大展望。以領袖高瞻遠矚、犧牲奉獻的精神，來為這個島國及其三百萬子民擘畫籌思，這是其他發展中國家難望項背的。其所以如此，與人民行動黨的一黨獨大有關，與東亞式的民主集中制有關，與新加坡國父李光耀的特殊政風有關。

至於新加坡的人民並不全是乖乖牌的綿

羊，讓統治者任意宰制。這個以移民為核心的多元種族社會，還在尋找自我，形塑國民性格。隨著教育的普遍提高，一般收入的增加，中產階級逐漸形成。一個屬於新加坡本身的民間社會──由志願團體、民間組織、宗教與專業機構、壓力與利益團體所組成，力求獨立自主，而成為個人與國家之間的中介──也逐漸浮現。一旦民間社會的自主性凸顯之時，也就是人民行動黨結束一黨專政之日。

很多人指出新加坡人才外流情況十分嚴重，這表示有知識、有才能、有魄力的專業人士，對於新加坡政府的嚴苛、政治氣氛的鬱卒，已到必須用腳來投票的地步。這點也造成新加坡當局的憂慮，為此三年前特設「新加坡基金會」，聘請自由派學者陳慶珠教授主持，極力與散落海外的新加坡僑外菁英取得連繫，並協助與勸導他們回國長居。

至於無法移民外國的中下層新加坡人民，則服膺其祖先跨洋過海來到南洋這個蠻貊之邦從事開墾拓荒的精神，繼續為島國的工商業的發展貢獻心力。他們的勤勞、認命、樂觀固然值得佩服，最可取的莫過於對斯土斯民的認

同。換言之，認同土地、認同種族、認同國家
是移民社會的新加坡人所以愛國、所以守法、
所以贏得自尊自信，也贏得世人讚佩的主因。
在這方面，新加坡人仍值得台灣人加以學習。

參考書目

一、英文部分

1. 歷史背景

(1)Bedlington, Stanley S. *Malaysia and Singapore: The Building of New States*, Ithaca, Cornell University Press, 1978.

(2)Jon Quah, Chan Heng Chee. et al., (eds.), *Government and Politics of Singapore*, Singapore: Oxford University Press, 1985.

(3) Leifer, Michael. "Singapore in Malaysia: The Politics of Federation", *Journal of Southeast Asian History*, Vol

6, No 2 (Sept 1965), pp.54-70.

(4) Osborne Milton. *Singapore and Malaysia*, Ithaca, New York: Southeast Asia Program, Cornell University, 1964.

(5) Sandhu, K S and Paul Wheatley, (eds.), *Management of Success: The Moulding of Modern Singapore*, Singapore: ISEAS, 1989.

(6) Turnbull, C. M. *A History of Singapore 1819-1975*, Kuala Lumpur: Oxford University Press, 1977 (2 nd edition).

2. 執政黨

(1) Bellows, Thomas. *The People's Action Party: The Emergence of a Dominant Party System*, Yale University, Southeast Asia Studies, Monograph Series No. 14, 1970.

(2) Chan Heng Chee. "Political Parties", in Quah, Chan, Seah, (eds.), *Government and Politics of Singapore*, Singapore: OUP, 1985.

(3) Fong Sip Chee. *The PAP Story-The*

Pioneering Year, Singapore: Times Periodicals Pte Ltd, 1979.

(4)Jon Quah, Chan Heng Chee. et al., (eds.), *Government and Politics of Singapore*, Singapore: Oxford University Press, 1985.

(5)Lee Kuan Yew. "What of the Past is Relevant to the Future?" *Petir 25th Anniversary Issue*, pp. 32-43.

(6)Singh, Bilveer. *Whither PAP's Dominance? An Analysis of Singapore's* 1991 *General Election*, Singapore: Pelanduk Publications, 1992.

(7)Vasil, Raj. *Governing Singapore: Interview with New Leaders*, Singapore: Times Publications, 1989.

3. 反對黨

(1)Bellows, Thomas, *op.cit.,* Chapter II, pp. 67-100.

(2)Chan Heng Chee. "Political Parties." *op. cit.*

(3)Jon Quah, Chan Heng Chee. et al.,

(eds.), *Government and Politics of Singapore*, Singapore: Oxford University Press, 1985.

(4)Yeo Kim Wah. "A Study of Three Early Political Parties in Singapore 1945-1955," *Journal of Southeast Asian History*, Vol. 10, No. 1, March 1969, pp. 115-141.

4. 官僚體制與民間社會、工會

(1) Bogaars, G.E. "Public Services," *Towards Tomorrow*, Singapore: NTUC 1973, pp. 73-83.

(2)Jon Quah, "The Public Bureaucracy in Singapore," in Yon Poh Seng and Lim Chong Yah,(eds.), *Singapore: Twenty -Five Years Development*, Singapore, 1984.

(3)Lee Sheng Yi. "Public Enterprise and Economic Development in Singapore," *Malayan Economic Review*, Vol. 21, No. 2, October, 1976, pp. 49-73.

(4)Linda Low, "Public Enterprise in Singapore." in You Poh Seng and Lim Chong Yah, *op. cit.*

(5)Jon Quah. "Statutory Boards" in Government and Politics in Singapore, *op. cit,* pp.120-145.

(6)Seah Chee Meow. "The Civil Service", in Jon Quah, Chan, Seah, *op. cit*, pp. 92-119.

(7) Tan Chwee Huat. "Joint Ventures between Private and Public Sectors in Singapore," *Singapore Management Review*, Vol. 1, No. 2, January 1980, pp. 8-25.

(8)Chan Heng Chee. *The Dynamics of one Party Dominance: The PAP at the Grassroots*, Singapore: Singapore University Press, 1978.

(9)Seah Chee Meow. "Parapolitical Institutions", in Government and Politics in Singapore, *op. cit*, pp.173-194.

(10)Lim Chee Onn.(ed.), *Plan of Action for the 80's,* Singapore: NTUC, 1979.

⑾NTUC, *NTUC Plan of Action／Review* 1984 (xerox).

⑿Pang Eng Fong. "Changing Patterns of Industrial Relations in Singapore," in Peter S.J. Chen and Hasn Dieter-Evers, (ed.), *Studies in ASEAN Sociology*, Singapore: Chopmen Enterprises, 1978, pp. 422-436.

5. 建國與領袖問題

(1)Chan Heng Chee. "Language and Culture in a Multi-Ethnic Society: A Singapore Strategy", paper prepared for the MSSA International Conference on Modernization and National Cultural Identity, Kuala Lumpur, 10-12, January, 1983.

(2)Chan Heng Chee. "The PAP and the Nineties: The Politics of Anticipation". (Xerox).

(3)Chiang Hai Ding. "The New Singaporeans," in *Towards Tomorrow*, Singapore: NTUC, 1973, pp. 9-15.

(4)Chiew Seen-kong. "National Integration: The Case of Singapore," in Peter S. J. Chen and Hans Dieter-Evans, (eds.), *Studies in ASEAN Sociology*, Singapore: Chopmen Enterprises, 1978, pp. 130-146.

(5)Hussin Mutalib. "Challenges and Prospects of Singaporean Malays", *Mirror*, Vol 25, No. 17 (Sept 1989).

(6)Hussin Mutalib. "In Quest of a Singapore National Identity: The Triumphs and Trials of Government Policies", in *Imagining Singapore*,(ed.), by Ban Kah Choon, Ann Pakir, et al. (Xerox).

(7)Lee Kuan Yew. "The Search for Talent" in S. Jayakumar, ed. *op. cit.,* pp. 13-23.

(8) MacDougall, John A. "Birth of a Nation: National Identification in Singapore" *Asian Survey*, June, 1976, pp. 510-524.

(9)NTUC. *Progress into the Eighties*, 1980.

(10)Jon Quah, "Singapore in 1984: Leadership Transition in an Election Year," *Asian Survey*, Vol XXV, No. 2 (February 1985).

(11)Sandhu and Paul Wheatley, *op. cit.*

(12)Saw Swee Hock and Bhatal, R.S. ed. *Singapore Towards the Year* 2000, Singapore: Singapore University Press, 1981.

6. 新加坡跨世紀展望

(1)Saw Swee Hock and R S Bhatal, Singapore Towards the Year 2000, *op. cit.*

(2)Sandhu and Paul Wheatley,(eds.), Management of Success..., *op. cit.*

(3)Vasil, Raj. Governing Singapore..., *op. cit.*

二、中文部分

1. 書籍

(1)蔡史君編，《新馬華人抗日史料　1937－

1945》，新加坡文史出版社，1984。

(2)陳維龍，《東南亞華裔聞人傳略》，新加坡南洋學會，1977。

(3)陳育崧，《椰陰館文存》，新加坡南洋學會，1984。

(4)陳育崧主編，《陳嘉庚》，廈門大學同學陳嘉庚研究叢書，？年。

(5)陳育崧，《椰陰館文存補編》，新加坡南洋學會，1987。

(6)陳升桂編，《新加坡共和國工商業發展史》，新加坡新桂出版社，1983。

(7)陳嘉庚，《南僑回憶錄》，香港草原出版社，1979。

(8)陳加昌譯，《新加坡淪陷三年半》，新加坡泛亞通訊社，1973。

(9)崔貴強，《新馬華人國家認同的轉向 1945－1959》，廈門大學，1989。

(10)崔貴強，《星馬史論叢》，新加坡南洋學會，1977。

(11)崔貴強，《東南亞史》，新加坡聯營出版社，1965。

(12)崔貴強編，《東南亞華人問題之研究》，新加

坡教育出版社，1978。
(13)崔貴強，《新加坡華文報刊與報人》，新加坡海天出版社，1993。
(14)杜維明，《新加坡的挑戰》，北京三聯書店，1989。
(15)范叔欽，《新加坡經濟》，新加坡教育出版社，1969。
(16)方顯廷，《新加坡經濟發展的策略》，新加坡南洋大學商學研究所，1971。
(17)方顯廷，《新加坡的小型工業》，新加坡南洋大學商學研究所，1971。
(18)傅無悶編，《南洋年鑒》，新加坡南洋商報社，1939。
(19)郁樹錕編，《南洋年鑒》，新加坡南洋商報社，1951。
(20)《改變中的新加坡風貌》，新加坡FEP國際出版社，1983。
(21)耿忠編，《星馬地理文集》，新加坡，1970。
(22)顧效齡等譯，《創造奇跡的新加坡》，香港管理化出版社。
(23)郭振羽譯，《新加坡華人家庭與婚姻》，台北正中書局，民國74年。

⑷《華人傳統》，新加坡宗鄉會館聯合總會，1990。

㉕黃敬恭編，《從開埠到建國》，新加坡南洋學會，1969。

㉖黃枝連，《馬華社會史導論》，新加坡萬里書局，1971。

㉗黃枝連，《馬華歷史調查研究諸論》，新加坡萬里書局，1972。

㉘黃吉生等，《新加坡經濟及其問題》，新加坡女皇鎮書局，1968。

㉙黃建淳，《晚清新馬華僑對國家認同之研究》，台北海外華人研究學會，民國八十二年。

㉚黃堯，《星馬華人誌》，香港明鑒出版社，1967。

㉛柯木林等，《新華歷史與人物研究》·新加坡南洋學會，1992。

㉜柯木林等，《新加坡華族史論集》，新加坡南洋大學畢業生協會，1972。

㉝賴美惠，《新加坡華人社會之研究》，台北嘉新水泥公司，1979。

㉞李鍾珏，《新加坡風土記》，新加坡南洋書

局，民國三十六年。

㉟李炯才,《政治與生活》,新加坡人民行動黨,1966。

㊱《李光耀語錄》,新加坡東南書報出版公司,1967。

㊲李光耀,《新加坡之路》,新加坡國際出版公司,1967。

㊳李光耀,《馬來西亞的成長》,新加坡文化部,1963。

㊴李光耀,《社會主義的一百周年》,新加坡文化部,1964？

㊵李光耀,《為馬來西亞人的馬來西亞鬥爭》,新加坡文化部,1965。

㊶李光耀,《新加坡的社會革命》,新加坡文化部,1967。

㊸《李光耀談新加坡的華人社會》,新加坡宗鄉聯合總會,1991。

㊸林崇椰編,《新加坡二十五年的發展》,新加坡聯合早報,1984。

㊹林遠輝等,《新加坡馬來西亞華僑史》,廣東高等教育出版社,1991。

㊺魯白野,《獅城散記》,新加坡世界書局,

1972。

(46)麥留芳，《方言群認同》，台北中央研究院，
民國七十四年。

(47)麥留芳，《星馬華人私會黨研究》，台北正中
書局，民國七十四年。

(48)彭松濤，《新加坡全國社團大觀》，新加坡，
1982。

(49)邱新民，《新加坡宗教文化》，新加坡南洋商
報，1982。

(50)邱新民，《新加坡尋根》，新加坡勝友書局，
1983。

(51)邱新民，《新加坡先驅人物》，新加坡勝友書
局，1982。

(52)邱新民，《海上絲綢之路的新加坡》，新加坡
勝友書局，1991。

(53)邱新民，《新加坡風物外記》，新加坡勝友書
局，1990。

(54)饒尙東，《新加坡的人口與人口問題》，新加
坡教育出版社，1979。

(55)《人民行動黨1954－1979》，新加坡人民行動
黨，1979。

(56)《十二年來的成就》，新加坡人民行動黨，

1971。

⒄宋哲美編,《星馬教育研究集》,香港東南亞
研究所,1974。

⒅宋琦譯,《新加坡自治邦憲法》,新加坡文化
部,1958。

⒆宋明順,《新加坡青年的意識結構》,新加坡
教育出版社,1980。

⒇宋哲美編,《星馬人物誌》(1-3集),香港東
南亞研究所,1985。

(61)唐青,《新加坡華文教育》,台北華僑出版
社,1969。

(62)王秀南,《星馬教育泛論》,香港東南亞研究
所,1970。

(63)王慷鼎,《新加坡華文報刊史論集》,新加坡
新社,1987。

(64)吳華,《新加坡華文中學史略》,新加坡教育
出版社,1976。

(65)吳華,《新加坡華族會館誌》,新加坡南洋學
會,1975。

(66)《新加坡經濟年鑒》,新加坡石叻報業機構,
1976。

(67)《新加坡華人會館沿革史》,新加坡,1986。

⒆許雲樵，《星馬私會黨與洪門天地會的淵源》，新加坡東南亞研究所，1971。

⒆許教正，《東南亞人物誌》（1－3 集），新加坡，1969。

⒆許雲樵，《新加坡一百五十年大事記》，新加坡，靑年書局，1969。

⒆《亞洲的小巨人：新加坡爲什麼自豪？》，台北經濟與生活出版事業，1984。

⒆顏淸湟，《新馬華人社會史》，中國華僑出版公司，1991。

⒆楊進發，《戰前星華社會結構與領導層初探》，新加坡南洋學會，1977。

⒆游仲勛，《華僑政治經濟論》，台北中華學術南洋研究所，1984。

⒆曾心影編，《閩人創業史》，新加坡，1970。

⒆曾濤鳴，《新加坡共和國模範人物誌》，新加坡，1969。

⒆曾鐵忱，《新加坡史話》（第二集），新加坡，1967。

⒆曾鐵忱，《新加坡史話》，新加坡南洋印刷社，1962。

⒆張合德編，《我黨政治鬥爭發展史料集

(1954－67)》，新加坡人民行動黨，1967。

(80)鄭文輝，《新加坡華文報業史 1881－1972》，新加坡新馬出版社，1973。

(81)鄭文輝，《新加坡從開埠到建國》，新加坡教育出版社，1977。

(82)鄭文輝（杜暉），《三年八個月》，新加坡眞美出版社，1975。

(83)鄭文輝，《新加坡的私會黨》，新加坡新文化機構，1981。

(84)鄭良樹，《馬來西亞新加坡華人文化史論叢》，卷一，新加坡南洋學會，1982。

(85)鄭良樹，《馬來西亞新加坡華人文化史論叢》，卷二，新加坡南洋學會，1986。

(86)鄒豹君，《新加坡地理論文集》，新加坡星澳出版社，1966。

(87)莊欽永，《新加坡華人史論叢》，新加坡南洋學會，1986。

(88)莊欽永，《新加坡華人史新考》，新加坡南洋學會，1990。

2.論文

(1)崔貴強，「新加坡華人社團與政治」，《南洋學報》，45＆46卷，1990／1991，pp.93－

111。

(2)崔貴強,「報壇奇葩——南僑日報在新加坡,1946－1950」,耿龍明等編,《中國文化與世界》,上海外語教育出版社,1992,pp.56－70。

(3)崔貴強,「中興日報:新加坡同盟會的喉舌」,《辛亥革命與南洋華人研討會論文集》,台北,民國七十五年,pp.133－154。

(4)崔貴強,「海峽殖民地華人對五四運動的反嚮」,《星馬史論叢》,新加坡,1977,pp.62－76。

(5)崔貴強,「晚清的企業經營與星馬華人」,《星馬史論叢》,pp.1－23。

(6)丁莉英,「新加坡華校課程及教科書的演進初探 1951－72」,南洋大學歷史系榮譽班論文,1972／73。

(7)傅文楷,「星馬憲法」,《南洋文摘》,2卷1期,pp.3－6,15,1961.1.1。

(8)韓槐准,「大伯公考」,《南洋學報》,1卷,2輯,pp.18－26。

(9)黃應榮,「星馬憲政」,《馬來亞研究講座》,pp.59－79,1961.11。

⑽李光耀，「教育與建國」，《南洋文摘》，8 卷，3 期，1967.3.20，pp.178－182。

⑾李光耀，「華校面臨嚴重考驗」，《南洋文摘》，7 卷，12 期，1966.12.20，pp.821－25。

⑿李業霖，「中國帆船與早期的新加坡」，《新加坡華族史論集》，pp.1－9。

⒀李今再，「戰後星馬華僑教育」，《南洋學報》，10 卷 1 期，pp.22－38, 1954.6。

⒁林孝勝，「十九世紀新華社會的分合問題」，《新華歷史與人物研究》，pp.61－73。

⒂林溪茂，「新馬經濟的前途」，《南洋文摘》，2 卷 9 期，pp.7－10, 1961.9.1。

⒃「南洋大學十年風雨」，《南洋文摘》，5 卷，11 期，1964，pp.18－38。

⒄王慷鼎，「新加坡華文日報社論研究，1945－59」，新加坡國立大學中文系博士論文，1989。

⒅王慷鼎等，「新加坡戰前華文報刊繫年初稿」，《南洋商報》，1982.2.22，1982.3.2。

⒆王賡武，「新加坡早期華文小報與雜誌」，《南洋文摘》，14 卷，11 期，1973.11.20，pp.740－43。

⑳「新加坡脫離大馬成爲獨立國」,《南洋文摘》,6 卷 11 期,pp.1－7,1965.11.20。

㉑「新加坡教育調查委員會臨時報告書全文」,《南洋文摘》,3 卷 9 期,1962.9.1,pp.4－11。

㉒「新加坡中華總商會爭取公民權動機與經過」,《南洋文摘》,3 卷 3 期,p.12,1962.3.1。

㉓「新加坡自治邦憲法概述」,《南洋文摘》,1 卷 1 期,pp.5－7,1960.1.1。

㉔許雲樵,「淪陷時期的新加坡教育」,《新馬華人抗日史料》,pp.454－57。

㉕楊進發,「戰前星華國民黨及其領導層」,《戰前星華社會結構與領導層初探》,新加坡南洋學會,1977,pp.44－58。

㉖張禮千,「新加坡人口之演進」,《南洋導報》,2 卷 1 期,pp.115－127,1941.3。

㉗朱飛,「新加坡名稱小識」,《南洋文摘》,2 卷 7 期,pp.35－36,1961.7.1。

· 文化手邊冊 6 ·

新加坡學

作　　者／洪鎌德
出　　版／揚智文化事業股份有限公司
發 行 人／林智堅
副總編輯／葉忠賢
責任編輯／賴筱彌
執行編輯／范維君
登 記 證／局版台業字第 4799 號
地　　址／台北市新生南路三段 88 號 5 樓之 6
電　　話／(02)3660309 · 3660313
傳　　真／(02)3660310
郵　　撥／1453497-6
印　　刷／偉勵彩色印刷股份有限公司
法律顧問／北辰法律事務所　蕭雄淋律師
初版二刷／1997 年 5 月
定　　價／新台幣 150 元

南區總經銷／昱泓圖書有限公司
地　　址／嘉義市通化四街 45 號
電　　話／(05)231-1949　231-1572
傳　　真／(05)231-1002

· 本書如有破損、缺頁、裝幀錯誤，請寄回更換 ·
ISBN　957-9091-43-9

國立中央圖書館出版品預行編目資料

新加坡學 = Singapore / 洪鎌德著. --初版,
　--臺北市；揚智文化, 1994〔民83〕
　　面；　公分. --(文化手邊冊；6)
　參考書目：面
　ISBN 957-9091-43-9(平裝)

1.新加坡

738.7　　　　　　　　　　　　83009317

當代大師系列叢書

生智文化事業有限公司 出版
揚智文化事業股份有限公司 代理發行
李英明 孟樊 王寧 龍協濤 楊大春 策劃
每本定價 NT： 150元